Thomas Hampson

»Liebst du um Schönheit«

Thomas Hampson

»Liebst du um Schönheit«

Gespräche mit Clemens Prokop

HENSCHEL
Bärenreiter

www.thomashampson.com
www.henschel-verlag.de
www.bärenreiter.com

Bibliografische Information der Deutschen Nationalbibliothek
Die Deutsche Nationalbibliothek verzeichnet diese Publikation in der Deutschen Nationalbibliografie; detaillierte bibliografische Daten sind im Internet über http://dnb.d-nb.de abrufbar.

ISBN 978-3-89487-912-9 (Henschel)
ISBN 978-3-7618-2292-0 (Bärenreiter)

Gemeinschaftsausgabe der Verlage Seemann Henschel GmbH & Co.KG, Leipzig, und Bärenreiter-Verlag Karl Vötterle GmbH & Co.KG, Kassel

Wir danken den Fotografen für die freundliche Überlassung ihrer Bilder zum Abdruck in diesem Buch. Nicht alle Rechteinhaber konnten trotz intensiver Recherchebemühungen ausfindig gemacht werden; in berechtigten Fällen bitten wir um Mitteilung an Catherine Pisaroni, c/o Lenny's Studio (www.lennysstudio.com).

Redaktion: Felicitas Herberstein, Wien
Lektorat: Susanne Van Volxem, Frankfurt am Main
Bildredaktion: Catherine Pisaroni, Wien
Umschlaggestaltung: Catherine Pisaroni, Wien
Titelbild: Kristin Hoebermann
Gestaltung und Satz: Grafikbüro Scheffler, Berlin
Gestaltung Farbteil: Catherine Pisaroni, Wien
Druck und Bindung: GGP Media GmbH, Pößneck
Printed in Germany

Gedruckt auf alterungsbeständigem Papier mit chlorfrei gebleichtem Zellstoff

Inhalt

Anhang

»Meine Stimme hat mich gefunden«

Vorwort

Mein Vater hat immer zu mir gesagt: »Mein Sohn, wenn du später mal dein Geld mit etwas verdienen kannst, was du auch noch gerne tust, dann bist du einer der glücklichsten Menschen dieser Erde.« Die Möglichkeit, meiner bis heute ungebrochenen Neugier freien Lauf lassen und mich mit der Literatur und Musik dieser Welt beschäftigen zu können, ist bestimmt ein großes »Glück« in meinem Leben. Ich bin mehr denn je davon überzeugt, dass die Künste und die Geisteswissenschaften wie eine Art unendliches Tagebuch davon zeugen, wer wir als Menschen sind. Daher möchte ich das Vorwort zu diesem Buch – eine Sammlung von Erfahrungen und Erinnerungen sowie Reflexionen darüber – mit einem Dank an Sie, mein Publikum, beginnen. Mein Alltag ist geprägt von Worten und von jenen rätselhaften Phänomenen namens «musikalische Ideen«, ersonnen von sehr viel sprachgewaltigeren und tiefsinnigeren Menschen als mir. Meine Passion besteht darin, diese Gedanken, Ideen, Geschichten, ja auch Gefühle für wieder andere Menschen hörbar zu machen. Ihnen allen, die Sie einem Künstler ermöglichen, seiner Leidenschaft zu folgen und dabei sogar seinen Lebensunterhalt zu verdienen – Ihnen allen gebührt mein tiefer Dank.

Ich muss zugeben, die Vorstellung, mich an einem Biografie-Projekt über einen gewissen Thomas Hampson zu beteiligen, hat zunächst gemischte Gefühle, wenn nicht sogar ein wenig Unbehagen in mir ausgelöst. Seit ich erwachsen bin, habe ich die meiste Zeit mit Lesen verbracht, voller Bewunderung für Bücher und das Leben jener, die sie für uns schrieben. Ich hatte einfach nicht daran gedacht, selbst einmal meine Gedanken und Erfahrungen zu Papier zu bringen. Die Rückschau auf Vergangenes hat für mich auch etwas Statisches. Wahrscheinlich habe ich das von meinem Vater, der mich immer gelehrt hat, nach vorne zu blicken. Sein Lebensmotto war: »Gib niemals auf« oder auch »Steh auf, wenn du am Boden bist, und lass die Fehler hinter dir«. So ist dieses Buch für mich weniger ein Blick zurück als einer rundherum, um 360 Grad.

Schopenhauer sagte: »Die Erinnerung wirkt wie das Sammlungsglas in der Camera obscura: Sie zieht alles zusammen und bringt dadurch ein viel schöneres Bild hervor, als sein Original ist.« Das habe ich in diesem Buch versucht zu vermeiden. Ich möchte vielmehr einige Aspekte aus meinem Leben mit Ihnen teilen, die Sie hoffentlich noch nicht über mich wissen, Gedanken über bestimmte Entscheidungen und ihre Folgen äußern und vor allem aufzeigen, was so viele meiner Mentoren mir in ihrer unglaublichen Weitsicht mit auf den Weg gaben. Natürlich besteht keinerlei Hoffnung auf Vollständigkeit, aber dafür garantiere ich Ehrlichkeit.

Ein Leben ohne Musik ist für mich etwas, das ich nicht kenne. Musik war immer da. Meine Mutter liebte Musik, mein Vater hatte nichts gegen Musik und mochte es auch, sie um sich zu haben, aber sie war für ihn nicht von primärer Bedeutung. Zu meinen frühesten Erinnerungen zählt, wie ich als kleiner Junge mit meinen Spielsachen unter der Orgelbank in unserer Kirche hockte, während meine Mutter übte oder sich ein musikalisches Programm für den Wochenendgottesdienst ausdachte. Etwas deutlicher erinnere ich mich daran, wie meine beiden älteren Schwestern Tonleitern rauf- und runterspielten – durchaus ahnend, dass diese Überei irgendwann auch einmal auf mich zukommen würde.

Sie sehen also, ich mochte Musik schon als Kind, auch wenn mir damals vermutlich noch nicht bewusst war, wie sehr. Aber ich mochte auch viele andere Dinge. Tatsächlich könnte man sagen, dass ich mich sehr leicht von allem ablenken ließ, was mir ad hoc interessanter erschien als das, was ich eigentlich tat. Das ist letztlich wohl symptomatisch für meine gesamte Kindheit. Aus der kritischen Distanz von heute heraus kann ich verstehen, dass meine Eltern so sehr auf Disziplin, auf rationales Denken, Verantwortung und so weiter bedacht waren. Doch ein etwas milderer Blick lässt mich erkennen, dass ich schon immer eine sehr aktive und lebhafte Fantasie hatte. Das ist eben jene »ungebrochene Neugier«, von der ich eingangs sprach. Keine Frage, ich interessierte mich schon früh für alles, was um mich herum passierte. Ich liebte die Naturwissenschaften, spielte gerne Baseball, engagierte mich bei den Pfadfindern und vieles mehr. Aber auch die Welt der Klänge, Musik oder Geräusche in der Natur, faszinierte mich sehr. Meine Intuition und meine Neugier haben mich, vor allem in meinem späteren Leben, dazu getrieben, mich auch intellektuell mit diesen Dingen zu beschäftigen.

Bruno Walter sagt in seinem Vorwort zu Lotte Lehmanns großartigem Lehrbuch MORE THAN SINGING. THE INTERPRETATION OF SONGS den klugen Satz: »Für dich kam immer zuerst das Singen und dann das Nachdenken darüber. Du bist befähigt zu lehren, weil du selbst aus deiner Intuition heraus lernst.« Ich liebe dieses Zitat. Ein älterer Arbeitstitel für das vorliegende Buch lautete denn auch ganz in diesem Sinne: MEINE STIMME HAT MICH GEFUNDEN.

LIEBST DU UM SCHÖNHEIT – Sie werden sich vielleicht fragen, wie es schließlich zu diesem Titel für mein Buch kam. Nun, meine Verehrung für Gustav Mahler und alle Aspekte seines Lebens ist hinlänglich bekannt. Und die Geschichte, die sich hinter diesem sanften

Liebeslied mit dem genannten Titel verbirgt, hat mich immer sehr bewegt und fasziniert. Mahler hat es im Sommer 1902 geschrieben, für seine Frau Alma, mit der er erst fünf Monate verheiratet war. Er schrieb es höchstwahrscheinlich aus einer doppelten Absicht heraus: Ihr Geburtstag war am 31. August, und das eheliche Verhältnis in Erwartung des ersten Kindes, Maria, das im November 1902 auf die Welt kommen sollte, dürfte – wie soll man sagen – etwas unter Spannung gestanden haben. Was auch immer die Hintergründe waren, Mahler bezeichnete dieses Lied als ein »Privatissimum an Alma«, und man kann durchaus behaupten, dass es das persönlichste Liebeslied, wenn nicht gar das einzige ist, das er jemals geschrieben hat.

Mahlers Inspirationsquelle war ein Gedicht von Friedrich Rückert mit dem Titel »Sicilienne« aus der Gedichtsammlung LIEBESFRÜHLING. Eine Sicilienne ist ein langsamer Tanz, eine Art Pastorale oder Ländler. Metaphorisch verwendet bezeichnet »Sicilienne« auch einen sanft gehauchten Liebesgruß. Der Hintergrund von Rückert als Italienreisender und Orientexperte, welcher vielen seiner Gedichte jenen so einzigartigen Beiklang gibt, scheint hier, in dieser sehnsüchtigen Anrufung der Liebe um ihrer selbst willen, besonders prägend. Mahler hat in Rückerts schwärmerischer Abwendung von der Beschäftigung mit »Schönheit«, »Jugend« und »Schätzen«, um sich dem einzigen Sinn des Lebens – der »Liebe« – zu widmen, gewiss eine Entsprechung für seine Liebe zu Alma gefunden. Sie war *schön*, er nicht. Sie, die um fast 20 Jahre Jüngere, war *jugendlich*, er nicht. Und in seiner Welt gab es ganz andere *Schätze* als in jener, der sie vor ihrer Ehe angehörte. Aber – er liebte sie, verehrte sie, verstand sie auch oft nicht richtig und flehte sie an, das Vertrauen in ihre ewigliche innige Verbundenheit nie zu verlieren.

Man kann diese Liebesgeschichte einfach bewundern und sich daran freuen. Aber mich interessiert vor allem Mahlers lebenslange

Beschäftigung mit den Worten »Schönheit« und »Liebe«. Seine und Rückerts »Schönheit« ist die Schönheit im Sinne von John Keats, der sagte: »Schönheit ist Wahrheit, Wahrheit ist Schönheit – das ist alles, was ihr auf Erden wisst, alles, was ihr zu wissen braucht.« Die »Liebe« dieser Männer ist die Liebe schlechthin, die aus Eros, Philia und Agape besteht.

Jenes mystische Ideal, das Mahler in seiner Musik für mich immer wieder aufzeigt, ist einer der zentralen Orientierungspunkte in meinem Leben gewesen. Genau wie Mahlers Credo, stets nach dem Eigentlichen zu suchen (und zwar unabhängig von persönlichen Eitelkeiten, geleitet von tiefer Aufrichtigkeit und im Hier und Jetzt lebend), für mich immer wieder ein Quell des Staunens und der Dankbarkeit ist. Um es mit Joseph Campbell, dem großen amerikanischen Denker, zu sagen: »*The privilege of a lifetime is being who you are.*«

Doch bevor wir nun in medias res gehen, möchte ich Sie noch einen Blick hinter die Kulissen werfen lassen, auf diejenigen, ohne die ich dieses Buchprojekt nicht hätte in Angriff nehmen können.

Da wäre zunächst der Henschel Verlag, vertreten durch seine Programmleiterin Susanne Van Volxem, der eine bemerkenswerte Reihe an biografischen Werken unterschiedlicher Art von darstellenden Künstlern unserer Zeit verlegt. Ich bin dankbar nicht allein dafür, mich mit meinem Buch in diese Reihe eingliedern zu dürfen, sondern vor allem für Susanne Van Volxems beharrliche Ermunterung und Geduld von Anfang an. Danken möchte ich auch Hans-Jürgen Linke, der mir eine Zeitlang bei diesem Unterfangen als mein »Boswell« sekundierte und dessen Arbeit einen nachhaltig positiven Einfluss auf die weitere Entwicklung hatte. Erwähnt sei an dieser Stelle ebenso Clemens Prokop, dessen vielfältige Karrieremöglichkeiten ihm eine außergewöhnliche Disziplin und Konzentration abverlangen; ihm möchte ich dafür danken, dass er die Herausforderung angenommen hat, sich den Gezeiten meiner Terminplanung anzupassen und mit mir zusammen nach den richtigen Worten zu suchen, während wir gemeinsam das Labyrinth meiner vergangenen Tage durchschritten und diese zu deuten versuchten.

Doch insbesondere meiner Familie und den gemeinsamen Fähigkeiten und individuellen Talenten ihrer Mitglieder ist es zu verdanken, dass dieses Buch am Ende tatsächlich Wirklichkeit geworden ist. Unterstützung habe ich von ihnen allen erfahren, in herausragender Weise aber von meinen geliebten Töchtern: Catherine Pisaroni, deren Blick für Schönheit und optische Klarheit mich immer wieder neu in Erstaunen versetzt und mich die Dinge in einem anderen Licht betrachten lässt, und Felicitas Herberstein, deren Einfühlungsvermögen in die komplexen Gedanken und Gefühle anderer Menschen generell, aber speziell in die besonderen Befindlichkeiten von Künstlern maßgeblich dazu beigetragen hat, dem Buch seine jetzige Struktur und Gestalt zu verleihen.

Last but not least geht mein Dank an die Mutter dieser Töchter, an meine geliebte Frau Andrea Herberstein, dank deren grenzenloser Energie, sprühender Intelligenz und innigem Vertrauen ich des Lebens »Schönheit« zu erkennen vermag und die mir immer wieder zeigt, was eine »ewigliche Liebe« bedeutet. Aus tiefstem Herzen widme ich ihr dieses Buch.

Thomas Hampson
Zürich, im Mai 2014

A Boy from Spokane

Autobiografische Notizen aus den ersten Sängerjahren

Meine Kindheit und Jugend habe ich in Washington State verbracht, einer wunderbaren Gegend mit Klimazonen aller Art im Nordwesten der Vereinigten Staaten von Amerika. Aufgewachsen bin ich in einer Wüstenregion an der Grenze zwischen Idaho und Oregon, da mein Vater damals als Chemiker an Projekten zur friedlichen Nutzung von Atomenergie gearbeitet hat. So zog die Familie im Herbst 1955 – ich war gerade ein paar Monate alt – nach Richland, Washington, denn in dieser Gegend der USA waren zahlreiche Unternehmen im Bereich der nuklearen Energiegewinnung tätig, darunter auch General Electric (GE). Als Teenager verließ ich dann die Metropolregion Tri-Cities, um in der Nähe von Spokane ein Internat zu besuchen. In Spokane habe ich mein erstes sinfonisches Konzert gehört, meinen ersten Stimmunterricht bekommen und mein Universitätsstudium beendet – Spokane ist also die Stadt, in der ich erwachsen wurde.

Ursprünglich stammt meine Familie aus dem Mittleren Westen, hauptsächlich aus den Bundesstaaten Missouri und Kansas. Meine beiden Großväter waren Farmer, der Vater meines Vaters besaß allerdings noch eine Baufirma, die sich auf Straßenbau spezialisiert hatte. Dort arbeitete auch mein Vater zunächst, mit der Folge, dass vor seinem Wechsel zum Hanford Nuclear Park einige Umzüge für ihn und meine Mutter zu bewältigen waren: Eine meiner beiden Schwestern ist in Missouri zur Welt gekommen, die andere in South Dakota und ich als der Jüngste von uns dreien in Indiana.

Familie Hampson Anfang der 1960er-Jahre

Meine Familie hat die ganze Entstehungsphase der modernen amerikanischen Welt parallel zur Entwicklung der Atomindustrie in dieser Gegend miterlebt. Am Ende seiner Karriere leitete mein Vater die erste Herstellerfirma für kommerziell genutzte nukleare Heizstäbe und ging aus dieser Position dann in den Ruhestand. Ich habe in all den Jahren meinen Vater nur zwei- oder dreimal im Büro besucht – die Sicherheitsmaßnahmen in der Nuklearanlage waren einfach zu umständlich. Was ich deutlich in Erinnerung habe, sind die regelmäßigen Urinproben bei allen Hanford-Angestellten. Einmal in der Woche kam jemand mit einer Kiste vorbei, in der es leise klirrte: die Gläschen mit den Urinproben, anhand derer bei jedem Mitarbeiter die Intensität der Bestrahlung gemessen wurde. Ansonsten spielte sich die Arbeit meines Vaters hinter streng verschlossenen Türen ab. Es war alles sehr technisch und für mich damals fürchterlich kompliziert.

Mein Vater hat also viel und gut abgeschottet von uns gearbeitet, aber zu Hause war er mein »Dad«. Unser Familienleben in den 1950er- und 1960er-Jahren war ein Paradebeispiel für den Alltag einer amerikanischen Familie nach dem Zweiten Weltkrieg. Ich bin sehr behütet aufgewachsen, und mein Vater hat mich als Sohn und Jüngsten ganz anders als die beiden älteren Mädchen behandelt – er war mein engster und bester Freund. Es war eine Bilderbuchkindheit. Wir haben Golf und Baseball gespielt, er war Scout Leader bei den Pfadfindern – das musste immer ein Erwachsener sein –, und meine Freunde haben mich beneidet um diesen Vater. Damals war er uneingeschränkt mein Held. Er war ein großer Bauernjunge und sehr stark – ich meine, wirklich stark, zum Fürchten stark. Geprägt

Vater und Sohn, um 1968

von einer männlichen Welt, wollte auch ich so ein Mannsbild werden.

Einmal in der Woche hat mein Vater mit seinen Freunden Golf gespielt. Als sein »Caddy« war ich immer dabei. Ich weiß gar nicht mehr, wann ich den Sport selbst gelernt habe, ich erinnere mich nur an mein erstes Golfset, mit gekürzten Schlägern. Wir sind auch oft mit Autoanhänger, Zelt und Hund campen gegangen. Im Unterschied zu mir war mein Vater ein leidenschaftlicher Angler. Aber die Liebe zur Natur verband uns beide von Anfang an. Meine Eltern verkörperten die klassischen Rollenbilder der damaligen oberen Mittelschicht in den USA: Vater war der Intellektuelle und der Outdoor-Mann, Mutter die Sensible und die Künstlerin.

Der junge Golfer

Der junge Angler

Ich habe nur zwei Jahre lang eine öffentliche Schule besucht. Mein Vater gehörte der Freikirche der Siebenten-Tags-Adventisten an, die in Pasco eine Schule gegründet hatten: Klar, dass ich dorthin wechselte. Musik spielte an dieser Schule nicht nur im Unterricht, sondern ebenso bei Veranstaltungen und Aufführungen für die Eltern eine große Rolle. Ständig war etwas los. Die Musik an der Schule war

Weihnachten 1965 mit den Schwestern Linda und Lana

naturgemäß eng verknüpft mit Kirchenmusik: viele Gospels und Hymnen, auch patriotische Lieder, besinnliche Lieder. Das hat mich sehr geprägt. Meine Stimme und meine Lust zum Gesang haben gewissermaßen mich gefunden – und nicht umgekehrt. Ich habe immer gerne gesungen, das gehörte in unserer Familie einfach dazu. Meine Mutter, die ein richtiges Naturtalent war, und meine Schwestern gaben den Weg vor. Die ältere Schwester hatte möglicherweise sogar früher als ich Ambitionen, Profimusikerin zu werden; sie war eine beachtliche Pianistin und hatte obendrein eine sehr schöne lyrische Sopranstimme. Meine Mutter war Organistin an unserer Kirche und hat in einer Light Opera Company gesungen. Für sie stand außer Frage, dass ihre Kinder alle drei in den Kirchen- und Schulchor gingen. Daher waren unsere Wochenenden stets musikalisch gefüllt; jeder hatte da seine Aufgabe. Nur für meinen Vater war die Musik nicht so wichtig, obwohl er sie dennoch genossen hat.

Musik zu lesen oder nach Noten zu spielen habe ich erst relativ spät gelernt. Begonnen habe ich mit Klavierunterricht, und einige

Zeit danach bin ich Schlagzeuger in der Schulband geworden. Später lernte ich Trompete und wollte dieses Instrument dann ebenfalls in der Schulband spielen, doch der Bandleader meinte nur: »Ich brauche keine Trompete. Wenn du aber Tuba spielen willst – das ist recht ähnlich –, bringe ich es dir bei.« Also habe ich auch noch Tuba gespielt – immerhin fünf Jahre lang als Solist. Die Wände zu Hause haben gewackelt. Meine Eltern fanden das wohl lustig bis grauenhaft, aber wahrscheinlich immer noch besser als Schlagzeug.

Und damit nicht genug: Eigentlich hätte ich am liebsten auch noch Saxofon gespielt, weil mich der Klang so faszinierte. Aber es gab an der Schule nur ein einziges Instrument, das immer von einem zum nächsten Schüler weitergereicht wurde. Diese Vorstellung war für mich so abstoßend, dass sich mein Wunsch, Saxofon zu spielen, von selbst erledigte.

Interessanterweise gab es in unserer Umgebung kaum ein Streichinstrument. Amerikanische Provinz eben: Streichinstrumente waren etwas für Großstädter, wir hatten kaum Berührungspunkte damit. Erst als Teenager erlebte ich zum ersten Mal ein richtiges Orchester: das Spokane Symphony Orchestra. Das war eine Belohnung für schulische Erfolge; wir fuhren mit dem Bus ins Sinfoniekonzert und wieder zurück. Das eigentliche Highlight dieses Ausflugs war zugegebenermaßen die abendliche Rückfahrt, bei der wir den Mädchen ein bisschen näherkommen konnten.

Im Internat stand ich irgendwann vor der Entscheidung, ob ich weiter in der Band spielen oder lieber singen sollte. Chor und Band probten nämlich zur selben Zeit. Der Chorleiter Lynn Wickham war eine echte Autorität. Er war sehr streng, und wenn er jemanden in seinen Chor aufnahm, kam das einer Auszeichnung gleich. Ich habe mir keine allzu großen Hoffnungen gemacht. Aber ich habe ihm vorgesungen – weil ich unbedingt singen wollte. Eine berufliche Überlegung spielte damals freilich noch überhaupt keine Rolle.

Um 1970

Beim Vorsingen wurde ich also das erste Mal »entdeckt«: Ich wurde sofort in den Chor aufgenommen, erhielt Privatunterricht und durfte in den Reisechor. Zu diesen *choraliers* zu gehören bedeutete, dass man auf jeden Fall ein gewisses Talent besaß. Die *choraliers* waren in der Region und an anderen Schulen bekannt, wenn nicht gar berühmt. Als Gruppe waren wir eine eingeschworene Gemeinschaft. Im Mittelpunkt stand Lynn Wickham – Erzieher, Chormeister und Herr über den Gesang in Personalunion. Er hat diese Position durchaus genossen. Aber das machte nichts, denn er hat eine Disziplin eingefordert, die berechtigt und notwendig war. Ich komme ohnehin aus einer sehr disziplinierten Familie, aber als Teenager will man natürlich alles andere, als sich einem strengen Regiment zu unterwerfen. Trotzdem habe ich erkannt, worum es geht. Ich habe gelernt, wie man zielstrebig arbeitet und Texte wie Noten auswendig lernt. Auch das ist ja ein wichtiger Prozess.

Lynn Wickham hat mich auch das erste Mal auf ein Festival geschickt, bei dem man von einer Jury beurteilt wurde: dem Spokane Music and Allied Arts Festival, dem Vorläufer des heutigen Musicfest Northwest. Meine Lieder hatte ich ordentlich »präsentiert«, und dass ich bei diesem ersten Versuch 90 von 100 Jurypunkten bekam, war durchaus beachtlich. Allerdings diskutierte er danach mit mir mehr über die fehlenden 10 Prozent als über meinen Erfolg. Das war eben typisch Lynn.

Meinen ersten professionellen Zugang zur klassischen Musik hatte ich übrigens auch in einem Chor – im 1974 gegründeten »Choral«. Irgendwann kam die Seattle Opera zu einem Gastspiel nach Spokane. Das Ensemble hat immer mit lokalen Chören gearbeitet, und so kam ich in den Chor bei COSÌ FAN TUTTE und beim BARBIER VON SEVILLA. Mein größtes Erlebnis in dieser Zeit war aber die Weltausstellung, die EXPO '74, in Spokane. Damals kam Richard Tucker, der weltberühmte New Yorker Tenor, und ich durfte im Chor

Choraufführung 1966 – Thomas ist der Erste von links in der vorderen Reihe

mitsingen. Aufgeführt wurde I PAGLIACCI. Der Bariton Kari Nurmela, der damals in Stuttgart an der Oper und später in Zürich engagiert war, verkörperte den Tonio. Diese Art von Gesang aus nächster Nähe zu erleben hat mich sehr beeindruckt.

Während meines letzten Highschool-Jahres begegnete ich der wohl außergewöhnlichsten Gesangspädagogin von ganz Spokane: der katholischen Nonne Sister Marietta Coyle. Sie hatte bei der legendären Sopranistin Lotte Lehmann Gesang studiert, die während der NS-Zeit nach Amerika emigriert war. Die Kirche hat Schwester Marietta sehr unterstützt, sowohl als Sängerin – sie hatte bis zum Schluss einen gesunden und vollen lyrischen Sopran – als auch als Gesangslehrerin.

Eines Tages kam Schwester Marietta auf mich zu und fragte: »Was hast du eigentlich vor, wenn du deinen Highschool-Abschluss gemacht hast?« – »Ich gehe an die Eastern Washington University und werde Rechtsanwalt«, sagte ich – was man eben so sagt als 17-Jähriger. »Das ist toll«, entgegnete sie. »Du bist intelligent, du hast einen wachen Verstand, der trainiert werden muss.« Und dann fügte sie hinzu, ihr sei während der letzten Jahre klar geworden, dass ich auch eine künstlerische Seite hätte, die ich nicht vernachlässigen sollte. »Deine Stimme, junger Mann, ist sehr schön«, sagte sie, »aber was mich auch interessieren würde, ist deine künstlerische Persönlichkeit, die ich zu erkennen glaube. Wenn du mehr darüber wissen willst, ruf mich an.«

Natürlich habe ich sie angerufen, und wir haben danach oft lange Gespräche geführt. Allerdings begriff ich längst nicht alles, was sie mir sagte. Sie wollte wissen, was ich an der Highschool gelernt hätte. Ich erzählte ihr von meinen Schulfächern: Geschichte, Literatur, Englisch. Und dass ich mich für eine Fremdsprache entschieden hätte – Deutsch. Meine Englischlehrerin war eine gebürtige Deutsche, die auch in ihrer Muttersprache unterrichtete. Sie war ziemlich streng und gefürchtet, aber ich war einer ihrer Lieblingsschüler. Für kaum einen anderen Lehrer habe ich so viel Hausaufgaben gemacht. Unter ihrer Anleitung haben wir eine »deutsche« Sternsinger-Gruppe gebildet und jede Menge deutsche Lieder gesungen, die sogar aufgenommen wurden.

Als ich Sister Marietta von den Sternsingern erzählte, meinte sie: »Du weißt, dass es viele deutsche Gedichte gibt, die vertont wurden? Von Franz Schubert zum Beispiel. Hast du je von Schubert gehört?« Ich kannte Schubert nur vage. Sie sagte, er habe über 500 Lieder geschrieben – was mich erstaunte. Dann fragte sie nach Schumann. Ich hatte eine Etüde von ihm auf dem Klavier gespielt, aber mehr kannte ich nicht. »Ich hätte da eine Idee, vielleicht ist das was für dich«, sagte sie. Sie ging mit mir in die Bibliothek und gab mir von der Schumann- und von der Schubert-Ausgabe der Edition Peters jeweils den ersten Band. Dann gingen wir in die Hörbibliothek, einen kleinen Raum, in dem man in Ruhe Schallplatten hören konnte. Sie drückte mir unter anderem eine Fischer-Dieskau- und eine Hermann-Prey-Platte mit Liedern von Schubert, Schumann in die Hand – was genau es war, weiß ich nicht mehr. Und sie sagte: »Hör dir das mal an, vielleicht gefällt es dir ja. Wenn du etwas findest, was dich interessiert, können wir gerne daran arbeiten. Ich fände es jedenfalls gut, wenn du ein Schubert-Lied lernen würdest.«

Nun, das Ergebnis war: Ich war wie besessen. Stundenlang habe ich in den Schubert- und Schumann-Bänden gelesen, habe mir die Platten angehört, die Noten verfolgt und war vollkommen hin und weg. Die Idee, ein Gedicht in eine musikalische Sprache zu übersetzen, fand ich umwerfend, und ich habe von nichts anderem mehr gesprochen. Die erste Schallplatte, die ich mir selbst gekauft habe, war von Dietrich Fischer-Dieskau, mit Goethe-Liedern von Schubert und anderen. Fischer-Dieskau hat mich schon sehr früh ungemein beeindruckt und beeinflusst. Diese Platte war für mich der Heilige Gral. Ich bin dann häufig in öffentliche Bibliotheken gegangen, um Kassetten oder Nachschlagewerke auszuleihen, und sehr rasch hat sich mir eine neue Welt erschlossen.

Das war gerade in der Zeit, als ich mich, nicht eben voller Enthusiasmus, dem Anwaltsberuf zuwenden wollte. Nach meinem Highschool-Abschluss verließ ich die Welt der Adventisten und schrieb mich an einem Public College ein, der Eastern Washington University. Ich wollte dort mein Grundstudium absolvieren, um danach an die Law School gehen zu können. Schwester Marietta aber ließ nicht locker. Sie stellte mich dem Musikdirektor des Sinfonieorchesters von Spokane vor, Donald Thulean. Er wollte die JOHANNES-PASSION von Bach aufführen, und sie meinte, er könnte mich dabei gebrauchen. Er ließ mich vorsingen, gab mir Noten und wollte wissen, ob ich in der Lage sei, danach zu singen. Ich konnte zwar vom Blatt lesen, aber ich hatte Gesangspartien bis dahin immer auswendig gelernt und fühlte mich etwas unsicher. Doch er war offenbar von meiner Stimme angetan, und ich durfte tatsächlich den Pilatus und die Bass-Arien singen.

Schwester Marietta Coyle war auch diejenige, die mir von der Music Academy of the West im südkalifornischen Santa Barbara erzählte. Sie hatte diese achtwöchige Sommerakademie, die 1947 von Lotte Lehmann gemeinsam mit dem ebenfalls in die USA emigrierten Dirigenten Otto Klemperer und einigen anderen Musikern und Kunstmäzenen gegründet wurde, einst selbst besucht. Obwohl Lotte Lehmann bereits 1976 gestorben war, wollte Schwester Marietta unbedingt, dass auch ich die Erfahrung einer solchen Ausbildung machte. »Wir müssen dich an einen Ort schicken, an dem du dich weiterentwickeln kannst«, erklärte sie. »Du bist bereit für die nächste Etappe.« Mit 22 Jahren hatte ich schon einige Preise gewonnen und mir als Sänger in Spokane einen gewissen Namen gemacht. Mit meinem Politologie- und Jurastudium war ich fast fertig und sehr aktiv als gewählter Studentenvertreter, aber schon recht fokussiert auf die Musik. Kurz: Ich ließ mich auf das Abenteuer ein.

Lotte Lehmanns Erbe hatte Martial Singher übernommen, ein sehr angesehener französischer Bariton. Ein Künstler von seltenem Rang und eine wahre Instanz. Er war es auch, der Maurice Ravels drei Don Quichotte-Lieder uraufgeführt hatte. Neben Singher prägte Gwendolyn Koldovsky, die ehemalige Klavierbegleiterin Lotte Lehmanns, in ihrer Funktion als Leiterin der Abteilung Liedbegleitung an der Music Academy of the West maßgeblich die Sommerakademie. Und diese beiden Koryphäen, Lotte Lehmanns Pianistin und einer von Ravels bevorzugten Sängern, sollten nun meine Geschicke beeinflussen!

Bei der Sommerakademie kam ich zum ersten Mal in meinem Leben mit gleichaltrigen angehenden Sängern in Berührung, die jedoch wesentlich ehrgeiziger und zielgerichteter eine professionelle Karriere anstrebten als ich. Ich hatte einiges an deutschem Liedrepertoire zugewiesen bekommen, was allein auf musikalischer Ebene schon schwierig genug für mich zu lernen war. Und dann auch noch auf Deutsch! Immerhin hatte ich dank meiner früheren Lehrerin ja schon begonnen, mich ein wenig mit dieser Sprache zu beschäftigen. Ich liebte dieses Repertoire innig. Für mich war das die Vollendung im Gesang. Dieser Drang, Schönheit zu gestalten!

Wir Musikstudenten hatten glücklicherweise Zugang zur Uni-Bibliothek von Santa Barbara. Dort stand ich zum ersten Mal vor einer Wand mit Langspielplatten. Ich war überwältigt und verbrachte von nun an Stunden um Stunden dort. Ich saß einfach da und verschlang die Musik. Es war so aufregend und beeindruckend, diese Noten in der Hand zu halten, Nachschlagewerke zu studieren und Wörterbücher zu konsultieren! Das war schlicht und einfach toll. Ich habe diese Art von Selbststudium geliebt und akribisch meine Aufzeichnungen gemacht.

Studentenvertreter an der Eastern Washington University, 1975

Mein erster Sommer 1978 in Santa Barbara, also mit gerade einmal 23 Jahren, markierte den ersten Wendepunkt in meinem Leben. Ich kam nach Spokane zurück, und meine Neugier auf die Welt des professionellen Gesangs war mehr als geweckt. Ich kaufte mir eine Karte, um in Seattle den Waliser Bariton Sir Geraint Evans in einer seiner Paraderollen – als Falstaff – zu hören. Was für ein Erlebnis! Ein anderes Mal bin ich die gut vier Stunden nach Seattle gefahren, um Robert Merrill zu hören: Er war zu jener Zeit bereits eine Legende und einer der zugänglichsten Sänger überhaupt – ein Idol für alle jungen amerikanischen Sänger damals. Seine Art des Gesangs und der Klang seiner großartigen Stimme faszinierten mich ungemein.

Die Zeit in Santa Barbara hatte mir auch ein neues Selbstbewusstsein verliehen. Es war offensichtlich geworden, dass meine stimmlichen wie gesanglichen Fähigkeiten ausbaufähig waren und dass die Chancen für mich, Profisänger zu werden, gar nicht so schlecht standen. Ich beschloss, nach Los Angeles zu ziehen. Viele Lehrer von der Sommerakademie kamen von der dortigen University of Southern California (USC), und ich erhielt das Angebot, im Opernstudio sowie in der Lied-Meisterklasse von Gwendolyn Koldovsky zu studieren. Natürlich habe ich zugesagt. Meine damalige Frau Lisa, mit der ich seit vier Jahren verheiratet war, konnte ihre Karriere in der Werbung ebenfalls in Los Angeles weiterverfolgen. So packten wir fast über Nacht unsere Koffer – und ich studierte tatsächlich an der USC und entwickelte mein Repertoire.

Damals war der berühmte deutsche Bariton Horst Günter Gastdozent an der USC. Er hatte seine Sängerlaufbahn in den 1920er-Jahren in Leipzig als Thomanerjunge gestartet und neben seiner Bühnentätigkeit Gesangsprofessuren an den Musikhochschulen von Detmold und Freiburg innegehabt. Ich sang ihm vor und wurde genommen – ein großes Glück, denn alle wollten sie bei ihm studieren, vor allem natürlich jeder Bariton. Er war Kollege von Fritz

Wunderlich und Elisabeth Schwarzkopf gewesen und damals schon in seinen späten Sechzigern. Während des Zweiten Weltkriegs hatte er vier Jahre in russischer Gefangenschaft verbracht und ein ziemlich aufregendes Leben hinter sich. Ich glaube, ich habe mit dem Leporello begonnen, und er fragte mich, was denn mit der Barbier-Arie sei. Ich druckste ein bisschen herum und sagte, ich hätte angefangen, daran zu arbeiten, es aber nicht geschafft, das gehe mir zu hoch. Das wollte er nicht gelten lassen: »Zu hoch?! Du bist ein junger lyrischer Bariton. Du musst das singen können!« Dann haben wir ein paar Übungen gemacht, und er erklärte: »Morgen fangen wir mit dem Barbier an.« Was tatsächlich geschah.

Mit dem langjährigen Gesangslehrer und Mentor Horst Günter, um 1990

Horst Günter war derjenige, der mir die Profischuhe angezogen hat. Die Grundlagen aus Spokane, die mir Schwester Marietta Coyle mitgegeben hatte, waren eine phänomenale Basis. Aber wie ich mein Können auf der Bühne aktivieren, wie ich es in Lebendigkeit überführen und wie die Stimme ihre eigene Resonanz finden sollte, all das brachte mir Horst Günter in den frühen 1980er-Jahren bei. Und er blieb bis zu seinem Tod im Januar 2013 mein Gesangsmentor. Als wir mit der gemeinsamen Arbeit begannen, war er mit meiner Grundtechnik zwar zufrieden, meinte aber, ich müsste bald den nächsten Schritt machen – was aus seiner Sicht bedeutete, möglichst viel Erfahrung auf der Bühne zu sammeln. Natürlich hatte ich große Ehrfurcht vor ihm. Er besaß eine ungeheure Energie und hat fantastisch gesungen. Es hat mich immer beeindruckt, was er bis ins hohe Alter noch leisten konnte und wie klar und einfach er die Dinge auf den Punkt brachte. Das ist wie auf der Bühne: In dem Moment, wo die Arbeit anfängt, muss man alles klar, schnell und gut beisammen haben. Diese Geistesgegenwärtigkeit zu entwickeln habe ich durch ihn gelernt. Er hat mir übrigens auch beigebracht, was »Bühnenfüße« sind, welche Haltung ein Sänger einnehmen muss. Wir haben sehr viel gearbeitet, und ich glaube wirklich behaupten zu können, dass ich mich durch seine Hilfe in kürzester Zeit »gefunden« habe. Außerdem wurde ich dank seiner Denkweise und Vermittlung von Anfang an von der deutschen Ästhetik und dem europäischen Theatersystem der Ensemble- und Repertoirehäuser geprägt.

In dieser Zeit gewann ich weitere bedeutende Wettbewerbe und sang, so viel ich nur konnte – bis hin zu Beerdigungen, um mein Budget ein wenig aufzubessern. Einen festen Job hatte ich in Los Angeles freilich nicht. Also stand ich irgendwann vor der grundlegenden Entscheidung: Sollte ich mein Musikstudium an einer renommierten Hochschule weiterführen, oder sollte ich versuchen, direkt ins Profigeschäft einzusteigen? Ich fragte alle möglichen Leute um Rat und probierte auf diese Weise meine Perspektiven auszuloten.

Die Entscheidung fiel dann wie von selbst: Ich nahm an einem Wettbewerb teil, dessen Hauptjuror ein Agent aus Deutschland war: Wolfgang Stoll, der Chef einer berühmten Theateragentur aus München. Der große Preis war ein Jahresvertrag an einem kleinen Stadttheater in Deutschland. Ich wurde Zweiter. Wolfgang Stoll war ausgesprochen nett zu mir und sagte: »Junge, der Preis gehört deiner Kollegin. Aber wenn Deutschland dich wirklich interessiert: Bist du bereit? Willst du dort arbeiten?« Meine Antwort muss in seinen Ohren etwas wirr geklungen haben. »Ich glaube, das macht mehr Sinn für mich, als weiterhin die Schulbank zu drücken. Aber ich weiß nicht, ob ich tatsächlich Opernsänger werden will. Ich weiß gar nicht, was das bedeutet, auch wenn es eine tolle Sache zu sein scheint.« Er versprach, eine kleine Vorsingtournee für mich zu organisieren; wir würden dann schon sehen, was dabei herauskäme.

Das Ende vom Lied: Mein allererstes Vorsingen fand in Düsseldorf statt. Anfang der 1980er-Jahre war die Düsseldorfer Oper das größte Ensemble- und Repertoirehaus in Zentraleuropa. Ein unglaublicher Betrieb mit einem entsprechend vielfältigen Repertoire, von der Henze-Uraufführung bis zu Rossini und Mozart. Jean-Pierre Ponnelle und alle großen Regisseure jener Jahre arbeiteten an diesem Haus, und die Gefahr, in einem derartigen Ensemble verloren zu gehen, war nicht unbeträchtlich. Aber der großartige Intendant Grischa Barfuss war ein »alter Hase« und wusste nur zu gut, wie er sein Schiff zu steuern hatte. Er war selbst Musiker und führte sein Haus am Rhein bewusst mit einem riesigen Sängerensemble. Wolfgang Stoll, clever wie er war, hat Barfuss einen Vertrag abgerungen, der mir eine künstlerische Entwicklung garantierte. Zwei wirklich kluge alte Männer! Im Nachhinein klingt das alles wie eine wundersame Verkettung von Zufällen und glücklichen Umständen, in Wahrheit ging es aber darum, Schritt für Schritt den Beginn meiner beruflichen Laufbahn zu planen.

»*Fortune favours the prepared mind*« – mein absoluter Lieblingsspruch – bedeutet so viel wie, dass Glück kein blinder Zufall ist, sondern das, wozu du bereit bist, um die nächste Etappe deines Lebens anzugehen. Wenn du dich mit Fleiß darauf vorbereitet hast, wird das Glück eher eintreffen. Wolfgang Stoll und viele andere, die in meinem Leben wichtig waren, hatten offenbar eine gewisse Ernsthaftigkeit in mir erkannt und trauten mir wesentlich mehr zu als ich mir selbst. Gleichzeitig haben sie mir mit großem Bedacht bei der Repertoireentwicklung zu- oder abgeraten. Das ist damals wie heute eine immense Verantwortung – für alle Gesangslehrer, Coaches, Regisseure, Intendanten, Sängerkollegen. Wir dürfen Talente niemals verheizen, missachten oder unterschätzen!

Natürlich war mein Umzug nach Düsseldorf von ziemlich gemischten Gefühlen begleitet. Ich freute mich auf die Herausforderung, Europa zu entdecken, aber alles war sehr neu und fremd für mich. Alleine die Amtswege in einer Sprache, die ich nicht richtig beherrschte, zu absolvieren, bereitete mir zu Beginn große Sorgen. Aber ich bekam gleich eine erste Aufgabe am Theater, eine kleinere Rolle in einer Oper, von der ich nie zuvor gehört hatte – Les mamelles de Tirésias von Francis Poulenc. Ich hatte die Rolle des Gendarmen sorgfältig gelernt, und als ich zur ersten Probe kam, waren alle überrascht, dass ich meine Partie bereits auswendig konnte. Andere kleine Rollen folgten. Ich brachte ja schon einige Erfahrung von professionellen Engagements aus Amerika mit: Ich hatte den Marcello in La Bohème und einen jungen Sharpless in Madame Butterfly gesungen.

Düsseldorf hatte den Vorteil, dass ich den Betrieb langsam und von der Pike auf kennenlernen durfte. Ich war zum Beispiel zwölf,

Lehrjahre in Düsseldorf: COSÌ FAN TUTTE, *1982*

Als Belcore in L'ELISIR D'AMORE, Düsseldorf, 1983

dreizehn Vorstellungen lang der Namen rufende Sergeant im dritten Akt von MANON LESCAUT – das sah nun nicht gerade nach einem gewaltigen Karrieresprung aus, aber ich sammelte Erfahrung. Es gab Schminke, Disziplin und große Künstler zu sehen, es gab ein Ensemble und die Verheißung oder Verlockung großer Partien sowie die Idee von Anstrengung und Arbeit dahinter. Man wurde hellhörig auf der Bühne und probierte aus, wie es sich anfühlte, dort zu stehen, wo einen das Publikum anschaute. Es war auch in Düsseldorf, dass ich neben dem ebenso jungen Peter Seiffert, der den ersten Gralsritter verkörperte, als zweiter Gralsritter die ungeheure Büh-

Als Guglielmo in Così fan tutte in einem BBC-Film von 1986 mit Ashley Putnam und Jonathan Miller

nenpräsenz eines Karl Ridderbusch oder einer Mignon Dunn bewundern durfte. Herausragende Kollegen, die aus nächster Nähe zu erleben mir persönlich und beruflich äußerst viel gebracht hat.

In dieser Zeit bekam ich auch ein Angebot aus St. Louis, im frisch gegründeten Opernhaus den Guglielmo in einer neuen Così fan tutte zu singen. Die Besetzung war hochkarätig, mit Jerry Hadley als Ferrando und Ashley Putnam als Fiordiligi. Besonders aufregend war aber allen voran der Regisseur: Der britische Mediziner, Neuropsychologe, Autor, Fernseh- und Theatermann Jonathan Miller hatte mit dieser Produktion sein amerikanisches Debüt. Dazu noch der damalige Shootingstar unter den Dirigenten, der Afroamerikaner Calvin Simmons, der zwei Monate nach der Premiere viel zu früh, mit gerade einmal 32 Jahren, tödlich verunglückte. Er und

Simon Rattle waren Anfang der 1980er-Jahre die zwei absoluten *hot shots*. Tolle junge Musiker! Das war eine besonders aufregende Produktion. Und sehr erfolgreich. St. Louis zeigte, dass meine berufliche Entwicklung auf zwei Beinen stand: Ich hatte einerseits eine Karriere in Deutschland begonnen und erarbeitete mir andererseits in Amerika ein wachsendes Ansehen.

Mit Così fan tutte-Regisseur Jonathan Miller bei einer Probe, St. Louis, 1982

In meiner zweiten Düsseldorfer Saison gab es eine Wiederaufnahme des BARBIER VON SEVILLA, danach folgte eine Neuproduktion der COSÌ FAN TUTTE. Ebenso kam ein Engagement in einer Neuproduktion von Hans Werner Henzes DER PRINZ VON HOMBURG in Darmstadt hinzu. Das war die schwierigste Musik, die ich bis dahin gelernt hatte. So was von schwierig und fremd!

In dieser Phase meines Lebens hatte ich auch das Glück, Nikolaus Harnoncourt kennenlernen zu dürfen, als er gemeinsam mit dem Intendanten des Opernhauses Zürich, Claus Helmut Drese, ein Mozart-Ensemble gründen wollte. Drese, der das Haus seit 1975 leitete und mich schon von einem früheren Vorsingen her kannte, hatte Harnoncourt von mir erzählt. Im Dezember 1982 – ich war inzwischen Vater einer kleinen Tochter namens Meghan geworden –

Mit Nikolaus Harnoncourt, Mitte der 1990er-Jahre

Mit Alice Harnoncourt, Ende der 1990er-Jahre

kam ich mit meiner Familie nach Zürich und habe dem Maestro vorgesungen. Was den Beginn einer jahrzehntelangen Zusammenarbeit und Freundschaft markieren sollte, ganz nach Claus Helmut Dreses ursprünglichem Plan.

Ein paar Monate danach klingelte eines Tages das Telefon im Betriebsbüro der Düsseldorfer Oper. Ein Anruf aus Österreich für den Herrn Hampson! Ganz aufgeregt hat man mich aus einer Probe herausgeholt: Frau Professor Harnoncourt sei am Apparat. Sie wollte wissen, ob ich bei den Einspielungen der Bach-Kantaten durch den Concentus Musicus dabei sein und übers Wochenende nach Wien kommen könne. Wie aus heiterem Himmel! Es wurde meine allererste Platte …

Damals ging tatsächlich alles Schlag auf Schlag. Aber: Stein um Stein. Ich habe unbekannte Haydn-Opern gesungen, bin nach Karlsruhe gefahren, um dort ein Avantgarde-Stück zu singen. Ich konnte Geld verdienen, ich konnte gastieren. Ich hatte die Zeit dafür, und die Aufgaben waren interessant. Und natürlich war ich ehrgeizig! Ohne einen gesunden Ehrgeiz geht es nicht.

1980 hatte ich die Ehre gehabt, am legendären Merola Opera Program in San Francisco teilzunehmen. 1957 ins Leben gerufen und benannt nach dem Gründer der San Francisco Opera Gaetano Merola, bietet diese Sommerakademie seit nunmehr über einem halben Jahrhundert einige Wochen lang jungen Opernsängern Meisterkurse bei berühmten Kollegen an. Ich war dort Elisabeth Schwarzkopf begegnet, die damals erst seit wenigen Jahren ihre herausragende Soprankarriere beendet hatte und nun weltweit ihre ebenso begehrten wie gefürchteten Meisterklassen gab. Sie hatte mich eingeladen, mit ihr im Anschluss an den Kurs weiterzuarbeiten. Sobald ich daraufhin in Düsseldorf ein bisschen Freizeit hatte, ging ich ins Betriebsbüro, füllte meinen Urlaubsschein aus und meldete mich für fünf Tage ab. Dann setzte ich mich in den Zug nach Zürich und arbeitete mit Elisabeth Schwarzkopf an Werken von Wolf, Schubert oder Mahler. Für diese Sitzungen hatte sie immer einen Pianisten organisiert. Nie berechnete sie mir auch nur einen Pfennig für ihren Unterricht. So war sie. Mit ihr arbeiten zu dürfen, das hieß: Sie war davon überzeugt, dass man das Zeug zu einem großen Sänger hatte. Von Anfang an hat sie an mich geglaubt, ohne jedes Wenn und Aber. Sie hat mir ihre Zeit und ihr Wissen in einem schier unfassbaren Ausmaß geschenkt. Und ich habe dafür wirklich schwer gearbeitet, lange, lange Stunden. Als ich endgültig von Düsseldorf ans Opernhaus Zürich wechselte, haben wir unsere Arbeit fortgesetzt.

Neben Horst Günter und Elisabeth Schwarzkopf auf ihrem jeweiligen Gebiet hatte ich das unschätzbare Glück, früh mit anderen begnadeten Musikern zusammenzukommen, die mir ihre Erfahrung weitergaben und mich an ihrem Können teilhaben ließen. Bei

Jean-Pierre Ponnelle (hinten Mitte) probiert Così fan tutte mit Lucia Popp, Ann Murray, Julia Hamari, Gösta Winbergh, Thomas Hampson und Claudio Nicolai, Zürich, 1985

großen Musikern oder auch Regisseuren habe ich immer das Gefühl, dass sie eine besondere Antenne besitzen: Sie hören und verstehen Musik in einer anderen Dimension.

Mitte der 1980er-Jahre hatte ich nicht nur meine erste Begegnung mit Nikolaus Harnoncourt, sondern auch meine erste Zusammenarbeit mit dem legendären Regisseur Jean-Pierre Ponnelle. Ich durfte im ebenfalls legendären Mozart-Zyklus in den Jahren 1984 bis zu Ponnelles Tod 1988 – mein Debüt bei den Salzburger Festspielen 1988 war in seiner Inszenierung von Le nozze di Figaro – in allen drei Da-Ponte-Opern mitwirken. Diese Zusammenarbeit veränderte für mich alles – es begann eine neue Zeitrechnung in meinem Kosmos. Bis heute würde ich sagen, dass es eine Zeit *vor* Harnon-

Während einer Probe mit Jean-Pierre Ponnelle anlässlich des Don Giovanni-Debüts am Opernhaus Zürich, 1987

court / Ponnelle und eine *danach* in meiner Karriere und in meinem Leben gibt. Und dabei denke ich, dass es gar nicht so sehr »nur« um das Ergebnis ging, das die beiden durchaus mit Besessenheit mit einem Stück an einem gewissen Ort zu einer gewissen Zeit erzielen wollten. Es war die Art, wie von der Musik her gearbeitet wurde, die

Mit den Sängerkollegen Ferruccio Furlanetto und Sam Ramey sowie Maestro James Levine, Salzburger Festspiele, 1988

ich nie mehr vergessen werde. Ponnelle lehnte mit passionierter Vehemenz jede vordergründige Aktualisierung eines Stücks ab – ob man das tatsächlich als konservativ bezeichnen mag, bleibt jedem selbst überlassen. Er war davon überzeugt, dass die großen Werke für sich selbst sprechen könnten. Für ihn hatten sie in sich und aus sich heraus genug Aussagekraft. Diese Demut vor dem Schaffen der Komponisten hat bei mir bis heute tiefe Spuren hinterlassen.

Als ich in den 1990er-Jahren beginnen sollte, intensiver mit dem deutschen Schauspiel- und Opernregisseur Michael Hampe zu arbeiten, wurde mir übrigens schnell klar, dass ich das, was ich von Jean-Pierre Ponnelle gelernt hatte, mit Michael Hampe bei Mozart und Monteverdi fortsetzen und vertiefen konnte.

Der nächste Große, dem ich begegnen durfte, war James Levine. Als Chefdirigent der Metropolitan Opera, was er 1973 mit nur 30 Jahren wurde, ist er als Dirigent bestimmt einer der bedeutendsten Förderer und Entdecker junger amerikanischer, aber auch internationaler Sänger der letzten Jahrzehnte. 1985 – ich erinnere mich noch daran, als wäre es gestern gewesen – rief mich mein Management an, um mir zu sagen: »Es ist so weit!« Der Maestro sei in Salzburg, arbeite an der ZAUBERFLÖTE und wolle mich an einem seiner freien Nachmittage zu einem Vorsingen einladen. Dass ich keine Sekunde lang zögerte, meine erste Reise nach Salzburg zu planen, versteht sich von selbst. Drei Tage später stand ich auf der Bühne der Felsenreitschule und sang die Barbier-Arie, Korngolds DIE TOTE STADT und die Arie des Grafen aus LE NOZZE DI FIGARO. Ich habe dieses Vorsingen noch heute in wunderbarer Erinnerung, da James Levine außerordentlich freundlich, aufmerksam und unterstützend zugehört hat. Drei Monate später fand ich mich in der Metropolitan Opera wieder, da er immer darauf beharrte, Sänger nochmals auf der »großen« Bühne gehört zu haben. Also flog ich nach New York und sang für ihn. Die Met war menschenleer, auf der Bühne stand einzig und allein ein Klavier. Das war's. Für mich damals eine beängstigende Erfahrung. James Levine war allerdings auch in dieser Situation äußerst liebenswürdig: »Denk dir hier alles weg, bleib ruhig und lass mich einfach deine Stimme in diesem Haus hören.« Wenige Wochen später bekam ich aufgrund einer Umbesetzung meinen ersten Vertrag. Und am 9. Oktober 1986 hatte ich mein Met-Debüt: als Conte Almaviva in LE NOZZE DI FIGARO. Dass die Möglichkeit, dem Maestro überhaupt vorzusingen, vergleichsweise schnell zustande kam, verdanke ich der Empfehlung Ponnelles – was ich natürlich erst Jahre später erfahren sollte …

In der Zeit meines ersten Engagements an der Met arbeitete Leonard Bernstein in New York an einigen internationalen Projekten wie einer BOHÈME in Rom, für die er junge amerikanische Sänger suchte. Ich wurde eingeladen, ihm vorzusingen. Es sollte eigentlich nur ein viertelstündiges Kennenlernen werden. Also machte ich

Mit Leonard Bernstein während einer Aufführung von Mahlers KINDERTOTENLIEDERN *im Wiener Musikverein, 1988*

mich auf zu seiner Wohnung, sang mich ein und wartete angespannt auf den Maestro, der wenig später rauchend das Zimmer betrat und fragte: »Was hast du dabei?« Ich zählte auf, was ich vorbereitet hatte: »Opernarien von Mozart, Gounod und Rossini.« Daraufhin Bernstein: »Dass du Mozart singen kannst, nehme ich fast an, sonst hättest du wohl kaum an der Met gesungen. Lass uns mal mit der Valentin-Arie aus dem FAUST beginnen.« Also sang ich diese Arie. »Was hast du sonst noch vorbereitet?« – »Ich habe auch ein Mahler-Lied dabei.« – »Welches?« – »ZU STRASSBURG AUF DER SCHANZ.« – »Ja, selbstverständlich, gerne«, knarzte Bernstein und zündete sich die nächste Zigarette an. Ich sang ZU STRASSBURG AUF DER SCHANZ. Diesen Moment werde ich mein Lebtag nicht vergessen: Auf einmal hörte Lenny auf zu rauchen und starrte mich an. Ich dachte: Um Himmels Willen, was ist denn jetzt los? Tapfer sang ich weiter. Bei der hohen Phrase drückte er theatralisch seine Zigarette aus, starrte mich weiterhin unverwandt an, hob die Hand und sagte: »Mach das noch mal!« Verunsichert fragte ich zurück: »Mach was noch mal?« Er wurde fast unwirsch: »Mach's einfach noch mal!« Also habe ich die leise hohe Phrase noch einmal gesungen. »Woher weißt du, wie man das macht?« Ich war noch immer völlig von der Rolle: »Wie man was macht?« Ich wusste tatsächlich nicht, worauf er hinauswollte. »Das mit der Kopfstimme.« – »Verzeihung, Maestro, aber in den Noten steht *›pppp – mit Kopfstimme‹*.« – »Ja, aber sonst macht das keiner. Warum singst du das so?« Ich entgegnete: »Wie soll ein junger Mann, ein Deserteur, der genau weiß, dass er gleich erschossen wird, denn anders singen, wenn Mahler das so geschrieben hat?« Bernstein schmunzelte wissend, schenkte sich einen zweiten Scotch ein und murmelte: »Jetzt schauen wir uns das Ding mal ganz genau an.« Auf diese Weise bekam ich eine einstündige Meisterklasse zu Mahlers STRASSBURG-Lied. Lenny waren alle nachfolgenden Termine egal. Das Telefon klingelte: »Lasst mich, ich komme dann schon.« Am Schluss fragte ich noch schüchtern, was denn nun mit der BOHÈME sei. »Ach, die BOHÈME machst du schon. Ich will mit dir an Mahler weiterarbeiten.« Damals konnte ich nicht ahnen, dass ich bereits im Herbst 1988 Teil des legendären Mahler-Zyklus von Leonard Bernstein in New York, Amsterdam und Wien werden sollte.

1986 war also ein äußerst bedeutendes Jahr mit meinem Met-Debüt unter Levine, dem ersten Engagement mit Bernstein, meinem Vorsingen für Herbert von Karajan und meiner Auszeichnung mit dem Maria-Callas-Preis. 1987 fand dann mein Debüt an der Wiener Staatsoper in COSÌ FAN TUTTE statt mit dem damals noch unbekannten Christian Thielemann am Pult, mit dem mich heute nicht nur eine langjährige Zusammenarbeit, sondern auch eine echte Musiker-

Mit Christian Thielemann in Dresden, 2013

freundschaft verbindet. Ich bin davon überzeugt, dass Christian Thielemann einer der wichtigsten Dirigenten der Gegenwart ist.

Auf Levine und Bernstein folgte bald Wolfgang Sawallisch: Elisabeth Schwarzkopf hatte mich begeistert nach München empfohlen, wo er seit 1971 Generalmusikdirektor und später auch Intendant und Staatsoperndirektor war. Der Maestro vertraute ihr und engagierte mich ohne reguläres Vorsingen ebenfalls als Guglielmo für die Così fan tutte. Also gab ich 1987 mein ordentliches Debüt an der Bayerischen Staatsoper (nachdem ich vorher schon einmal dort eingesprungen war). Diese Begegnung war indirekt der Auftakt einer jahrzehntelangen und tiefgreifenden musikalischen Zusammenarbeit insbesondere im Bereich Konzert- und Liedrepertoire.

So waren es die Giganten Nikolaus Harnoncourt, Jean-Pierre Ponnelle, James Levine, Leonard Bernstein und Wolfgang Sawallisch, die in meinen Anfangsjahren gleichsam das Fundament meiner späteren Entwicklung legten. Sie zeigten mir, was möglich sein kann, wenn man hart arbeitet. Die unterschiedliche Art, in der sie die Sprache Musik hörten und dachten, hat mich ohne Zweifel umfassend und bis heute als Künstler geprägt. Es klingt so fürchterlich idealistisch, aber sie lehrten mich, dass die Musik dein Lebenselixier sein muss und dass es am Ende immer um die Magie der Erfahrung geht. Um sonst nichts.

Aber die zweite Hälfte der 1980er-Jahre markierte nicht nur beruflich, sondern auch persönlich einen Wendepunkt in meinem Leben. Ich hatte ja schon recht früh, mit gerade einmal 20 Jahren, meine erste Frau Lisa geheiratet. Fünf Jahre später ist unsere Tochter Meghan zur Welt gekommen. Aber irgendwie hatten wir uns in Europa auseinandergelebt. Und Lisa kehrte schließlich mit Meghan wieder in die USA zurück. Es war eine schwierige Zeit. Trennungen sind niemals einfach, und der Gedanke, dass meine Tochter auf einem anderen Kontinent leben würde, brach mir fast das Herz.

Allerdings lernte ich in dieser Zeit jenen Menschen kennen, ohne den mein Leben seit vielen Jahren für mich undenkbar wäre: meine jetzige Frau, Andrea Herberstein. Sie war damals die Leiterin der Styriarte, eines alljährlich im Sommer stattfindenden Festivals für klassische und Alte Musik in Graz und der Steiermark, und hatte mich auf Wunsch von Nikolaus Harnoncourt engagiert. Er hatte darauf bestanden, dass ich bei einer szenischen Aufführung von Purcells DIDO UND AENEAS dabei sein sollte. Ich glaube, Andrea war zu Beginn weniger begeistert von der Idee, denn ich hatte einen vollen Terminkalender und ständig Schwierigkeiten mit den Probeterminen. Und dann kam ich wegen einer Flugverschiebung auch noch zu spät zur ersten Probe. Es herrschte also eine ziemlich angespannte Atmosphäre, als der junge Hampson endlich eintraf. Regisseur Nikolaus Lehnhoff war schon kurz davor abzureisen und die neue Festivalleiterin Andrea Herberstein kurz davor, die Nerven wegzuwerfen. Heute können wir darüber lachen, aber damals war das wirklich unangenehm. Ich bin dann wieder nach Zürich zurück, hatte dort meine Vorstellung, und anschließend bin ich erneut zur Probe nach Österreich geflogen und dachte mir: Ich muss irgendetwas Nettes tun, am besten lade ich Andrea Herberstein zum Mittagessen ein. Sie war nicht richtig glücklich bei der Vorstellung, mit mir essen zu gehen, sagte aber zu. Was ein harmloses Treffen werden sollte, endete nach einigen Stunden in einer Diskussion über den Sinn des Lebens und der gegenseitigen Offenbarung, dass wir beide in unseren jeweiligen Ehen unglücklich waren.

Seit Ende der 1980er-Jahre leben Andrea und ich in einer festen Lebensgemeinschaft. Wir fanden in Wien ein Haus, in das wir zusammen mit ihren drei Kindern aus erster Ehe – Catherine, Maxi-

Bei den Aufnahmen von Il barbiere di Siviglia in Florenz, 1992

milian und Felicitas – zogen. Meghan kam sogar im Sommer 1988 zu meinem Salzburg-Debüt. Sie ist damals mit ihren sieben Jahren ganz allein von Seattle nach Frankfurt geflogen. Ich habe sie dort abgeholt, und sie verbrachte einen Monat mit uns. So haben wir das später ganz oft gemacht. Andreas älteste Tochter war knapp elf, als ich in die Familie kam, und wenn man Kinder durch ihre Pubertät begleitet, dann werden sie schon allein dadurch die eigenen. Wir haben also zusammen vier Kinder, Andrea und ich. Auch wenn wir nur selten alle gemeinsam an einem Ort waren und die »Kinder« heute natürlich längst ihre eigenen Partner, zwei- oder vierbeinigen Kinder und erfolgreichen Karrieren haben, stehen wir uns innerhalb der Familie sehr nahe. Meine Kinder sind zweifelsohne meine besten Freunde und gemeinsam mit meiner Frau letzten Endes das Segel meines Lebensbootes geblieben. Die Energie dieser Familie, die ich schon in den frühen Jahren entdecken konnte, ist damals wie heute der wichtigste Orientierungspunkt in meinem Leben.

Aber nun wollen wir wieder zum Beruflichen zurückkehren …

Gespräche mit Clemens Prokop

»Meine liebste Begleitmusik ist eigentlich Stille«

Frühe Erkenntnisse und wichtige Wegbegleiter

Thomas Hampson und ich haben uns in Zürich verabredet. Mit drei schweren Koffern macht Hampson, der in Wien als Simon Boccanegra auf der Bühne stand, einen kurzen Abstecher in die Schweiz. Herbstlich warme Abendsonne durchflutet das Musik- und Arbeitszimmer. Er schiebt zwei wuchtige Sessel in den Raum: Wir sitzen einander gegenüber wie für ein amerikanisches TV-Interview. Die gewaltige Bücherwand bildet eine tolle Kulisse; um Thomas Hampsons Kopf strahlt eine Gloriole aus Mahler-Büchern. Wir trinken grünen Tee aus großen Tassen. Durch die offene Tür schwappt leise das Brummen der den Flughafen Zürich anfliegenden Passagiermaschinen.

Willkommen in meinem Inner Sanctum, in das ich mich wenige Tage im Jahr zurückziehen darf.

Leugnen ist zwecklos: Ich staune. Auf dem Weg zum Arbeitszimmer sind wir an laufenden Metern Vinyl entlanggegangen. »Es ist nur ein Bruchteil«, meinte Hampson, es klang beinahe entschuldigend. »Ich habe eine wirklich große Sammlung. Und ich höre sehr gerne Vinyl.« Zentral im Arbeitszimmer thront ein tiefer Schreibtisch, darauf Sammlerstücke wie signierte Erstausgaben, dahinter eine Stereoanlage für audiophile Liebhaber.

Technische Präzision mit ganz subjektivem Empfinden zu verbinden: Das, scheint mir, passt zu einem Künstler wie Thomas Hampson ziemlich gut. Er ist analog und digital zugleich. Der iMac mit allerlei technischem Spielzeug auf dem Schreibtisch, darum herum viele Bücher und Noten. »Ich fühle mich einfach wohl umgeben von Noten und Büchern«, sagt Hampson. Hinter mir eine richtige Galerie. »Vorgänger und Helden«, erklärt er: eine Zeichnung von Jules Massenet, ein gerahmter Brief von Gustav Mahler. Und eine Postkarte von Leonard Bernstein. Ich entdecke eine Lithografie von Walt Whitman. Und Bilder von Sängern: Jean-Baptiste Faure, dem ersten Hamlet und Posa. Mattia Battistini, dem Caruso unter den Baritonen. Dieses Inner Sanctum hat einen beeindruckenden Vorhof in Form eines umlaufenden Balkons. An der Stelle hinter dem Schreibtisch machen die Holzbohlen einem Stück Kunstrasen Platz.

Thomas Hampson beginnt zu erzählen:

Zürich war neben Wien und Salzburg immer ein künstlerisches Zentrum für mich. Ich bin 1984 von Düsseldorf in die Schweiz gezogen. Man hatte mir einen Ensemblevertrag für den Mozart-Zyklus unter Nikolaus Harnoncourt und Jean-Pierre Ponnelle angeboten. Das Züricher Opernhaus war einer der wichtigsten Orte für die Entwicklung meines Opernrepertoires. Claus Helmuth Drese und später Alexander Pereira in Zürich zählen neben Ioan Holender, dem ehemaligen Direktor der Wiener Staatsoper, zu den wichtigsten Intendanten meines Lebens. Sie haben mich nicht einfach engagiert, sondern sich für meine Weiterentwicklung als Künstler eingesetzt.

Er merkt, dass mein Blick an dem schwarzen Klavier hängen bleibt. Obenauf liegt der Klavierauszug von Alban Bergs WOZZECK: Thomas Hampson wird bald darauf diese Figur zum ersten Mal in seiner Karriere an der New Yorker Met gesungen haben.

Dieses Pianino habe ich aus Wien, aber leider ist es völlig verstimmt. Böse Zungen würden sagen: »Perfekt für Wozzeck!«

Die Ironie ist nicht zu überhören, das heißt: Sie blitzt wie so oft aus seinen Augen. Ich nutze die Gelegenheit, die Beziehung zwischen dem Sänger und seinem Begleiter anzusprechen: jenem Mann am Klavier bei Liederabenden, den viele Zuhörer für mehr oder weniger austauschbar halten.

»Begleitung« ist natürlich ein fürchterlich altmodisches Wort. Auf Englisch sagt man ja heute *»a collaborative artist«*. Das streicht in richtiger Weise die Kollegialität heraus. Die Idee, dass jemand auf dem Klavierhocker sitzt und der Willkür eines Sängers ausgesetzt ist, wäre ohnehin ein grauenvoller Gedanke. Das Entscheidende für mich ist, zusammen mit dem Pianisten zu einer gemeinsamen Vorstellung dessen zu gelangen, was und wie wir gemeinsam musizieren. Ich denke auch, dass ein Pianist die Liedtexte genauso gut kennen und faszinierend finden sollte wie ich. Dann kann eine Art Dialog zwischen ihm, mir, dem Komponisten und dem Textdichter entstehen. Es braucht also einen echten Partner, sonst funktioniert es nicht. Dietrich Fischer-Dieskau betonte immer: »Wörter klingen und Töne sprechen lassen!«

Ein Name begleitet Sie, der gehört zu Ihnen, den lesen Ihre Zuhörer in den Programmheften bei Liederabenden immer wieder: Wolfram Rieger.

Mit Wolfram Rieger gelingt mir genau das, und ich genieße unsere Zusammenarbeit sehr. Vor kurzem haben wir gemeinsam eine Richard-Strauss-Einspielung gemacht. Die Musik von Richard Strauss ist ja an sich schon komplex und überaus vielfältig an Ausdrucksvarianten. So unterschiedliche Stücke wie Die Nacht, die geradezu orchestrale Sehnsucht oder das gewaltige, 13-minütige Notturno – das fordert die Meisterschaft eines ganzen Pianisten und nicht bloß eines »Begleiters«.

Beim Partiturstudium, um 2000

Sie haben nicht nur beneidenswert früh mit den Topdirigenten gearbeitet, sondern auch die tollsten Liedbegleiter an Ihrer Seite gehabt.

Dass ich als junger Sänger mit einer Koryphäe wie Geoffrey Parsons arbeiten durfte, war wie eine Offenbarung: Parsons war der Inbegriff des perfekten Liedbegleiters. Er hatte bereits mit allen »Göttern« musiziert, als dann solche Jungspunde wie Olaf Bär und Thomas Hampson kamen … Natürlich erinnere ich mich auch an John Browning, diesen absoluten Starpianisten der Musik Samuel Barbers: Bei der ersten Probe war ich gänzlich verwirrt. Ich wusste zu Beginn gar nicht, was er spielte; das war Universen von all dem entfernt, was ich bis dahin gehört hatte. Für meine Arbeit mit allen Kollegen, insbesondere mit Pianisten wie David Lutz, Armen Guzelimian oder meinem langjährigen Partner insbesondere für amerikanisches Repertoire Craig Rutenberg gilt: Sie müssen sich genau wie ich immer wieder die Frage stellen, warum wir etwas auf eine bestimmte Weise gestalten und nicht anders. Und eine gewisse Ratlosigkeit ist manchmal sehr gut.

Vor allem, wenn man gemeinsam ratlos ist.

Das kann sogar mit Stücken passieren, die wir schon mehrmals aufgeführt haben. Dann probieren und diskutieren wir. Oder stehen gemeinsam staunend vor einem Meisterwerk.

Zurück zu Wolfram Rieger: So wie sich Repertoire und Stimme finden, finden sich auch Sänger und Begleiter?

Ich denke schon. Wolfram Rieger ist nicht nur ein großartiger Pianist, Begleiter und Fachmann, sondern auch ein wertvoller Freund. Ich liebe seinen grenzenlosen Humor. Es kann einem alles um die Ohren fliegen, und er ist der Erste, der lacht und weitermacht. Nur wenn im Hotel das Internet nicht funktioniert, verliert er jeden Humor. Genau wie ich.

Wie haben Sie sich überhaupt kennengelernt?

Es war eine klassische Empfehlung von mehreren Leuten gleichzeitig, die ihn als geborenen Kammermusiker priesen. Brigitte Fassbaender hatte ihn als Schützling auserkoren: Kann man im Liedfach eine bessere Mentorin haben? Als ich Anfang der 1990er-Jahre im Zuge eines Gesangslehrersymposiums von Professor Horst Günter in Leipzig einen Liederabend gab, lud ich Wolfram Rieger als Begleiter ein, um ihn kennenzulernen. Das wurde ein historischer Tag. Wir haben uns auf Anhieb blendend verstanden, sehr hart gearbeitet und unnachgiebig an Details gefeilt. Und es wurde ein sehr erfolgreiches Konzert.

Mit Wolfram Rieger beim »Mahler Feest« im Concertgebouw in Amsterdam, 1995

Ach! Das hätte ich jetzt nicht gedacht …

Es dauert einen Moment, dann grinst Thomas Hampson.

Ja, ich war ziemlich gut an diesem Abend! Anschließend nahm mich Horst Günter zur Seite: »Wolfram Rieger«, meinte er, »ist wirklich etwas Besonderes. Ihr passt zusammen.« Damals ging es Geoffrey Parsons gesundheitlich schon recht schlecht, und Wolfram machte mir das unglaubliche Angebot, ich solle ihm einfach alle Termine und das geplante Repertoire geben. Er würde sich für den Fall der Fälle die Abende frei halten. Parsons starb wenig später, im großen Mahler-Jahr 1995, und Wolfram ließ sich auf das Abenteuer ein, mit mir ein Repertoire zu erarbeiten, das er vorher kaum gespielt hatte. Was soll ich sagen: Er sorgte für Furore! Das Publikum war außer sich. Er hat übrigens eine besondere Fähigkeit, auf der Bühne ohne Notenwender auszukommen. Auf »Rieger-Art« montiert er seine Noten dermaßen trickreich, dass er immer selbst umblättern kann.

Nicht nur der Pianist, sondern auch das Instrument selbst ist nicht unerheblich. Bei der Beurteilung von Klavieren gibt es ja diese Gretchenfrage: Ist Steinway das Maß aller Dinge, sobald es um Liedbegleitung geht?

Wenn Bösendorfer ein Spitzeninstrument gelingt, dann ist das auch für Konzerte beeindruckend – nicht nur, aber besonders für die Musik von Franz Schubert und seine Zeit. Das ist dann so ein glockenhaft schwingender Klang. Im Allgemeinen ist aber doch ein Hamburger Steinway mit seinem sanften und gleichzeitig präsenten Klang für Gesang das geeignetere Instrument. Die amerikanischen Steinways können auch toll sein. Sie neigen nur ein wenig zur Aggressivität: Mit ihrem starken Bass sind sie eher für große Konzertsäle konstruiert.

Mit Geoffrey Parsons, 1990

Für gewöhnliche Musikliebhaber mögen es Spitzfindigkeiten sein, aber die Frage, welches Instrument verwende ich für ein bestimmtes Repertoire, ist für Profis alles andere als nebensächlich.

Ich würde gerne einmal Lieder parallel zur technischen Entwicklung des Klaviers aufnehmen. Die Instrumente der berühmten Klavierbauer wie Graf, Stein, später Pleyel und dann Steinway, Blüthner oder Bösendorfer sind faszinierend in ihrer klanglichen Vielfalt und Entwicklung. Das erklärt zum Beispiel, warum wir von Schubert vier Fassungen des ERLKÖNIG haben – mit großen Unterschieden in der Musiksprache. Die verschiedenen Klaviere haben jeweils eine andere Mechanik und damit ein anderes Anschlagverhalten. Schnelle Tonwiederholungen etwa waren lange technisch gar nicht möglich. Als sie spielbar wurden, konnten Komponisten ihre musikalischen Vorstellungen entsprechend notieren, statt sich wie zuvor mit anderen Figuren oder Rhythmen zu behelfen. Es würde mich wirklich reizen, diese Entwicklung einmal hörbar zu machen und Lieder von Robert Schumann, Robert Franz und Carl Loewe mit Originalinstrumenten aufzunehmen – nicht, um besonders innovativ zu sein, sondern einfach nur, um diesen reichen, weichen Klang erlebbar zu machen.

So herausragend die neuen Instrumente auch sein mögen: Durch ihre Omnipräsenz leben wir doch in einer Monokultur. Laufen wir Gefahr, das Sensorium für eine größere, sozusagen nichtstandardisierte Klangfülle zu verlieren?

»Verlieren« klingt so endgültig, so unumkehrbar. Vielleicht sollte man besser sagen, dass wir als Zuhörer heute generell abgebrühter sind als früher. Wir sind nicht mehr so empfindsam für den Charakter von Tonarten, die Art der Stimmung oder die Höhe des Stimmtons. Über die Originalklangbewegung wird manchmal geschmunzelt, aber Nikolaus Harnoncourt hat uns unbestreitbar gelehrt, dass sie noch viele neue Hörerlebnisse bietet, die unsere – vielleicht – festgefahrenen Erwartungen erschüttern können. Aber etwas wirklich zum allerersten Mal zu hören, kann auch ein Schockerlebnis sein. In den Uraufführungskritiken zu Giuseppe Verdis OTELLO gab es große Aufregung darüber, dass alles so verdammt laut gewesen sei. Und über den »vulgären Kanonenschlag« gleich am Anfang denken wir heute doch überhaupt nicht mehr nach.

Gerade in der Oper ist es ja auch die Aufgabe der Regisseure und Dirigenten neue Darstellungswege zu finden …

Ja, natürlich. Das ist wichtig für das Publikum, aber auch für noch unerfahrene Sänger. Sie sollten die Chance bekommen, mit Regisseuren und Dirigenten zu arbeiten, die genau dieses Ziel verfolgen. Ich hatte das Glück, mit vielen Künstlern zu arbeiten, die mich zu einem besseren Musiker gemacht haben. Stufe für Stufe im Aufbauprozess. Heute ist die Frage nach einer individuellen künstlerischen Entwicklung irgendwie zweitrangig geworden.

Da wird eben einfach produziert.

Meist gibt es zuerst das Konzept des Regisseurs, dann kommt der Dirigent. Das ist nur sehr selten umgekehrt. Dann wird bei den Künstleragenturen »eingekauft«: Hierbei spielen viele Faktoren eine Rolle. Mal werden ganz junge Sänger, mal etablierte Profis gesucht. Das ist natürlich auch eine Frage des Budgets. Und selbstverständlich gibt es Konkurrenz unter den Häusern: Jedes Haus will seinen eigenen tollen Figaro oder seinen neuen Don Giovanni entdecken.

Haben es junge Sänger heute schwerer oder leichter?

Das kommt immer darauf an, wie man es betrachtet. Aber eines steht fest: Es ist anders geworden. Um spektakuläre Talente muss man sich weniger Sorgen machen – damals wie heute nicht. Sie werden immer mit einem kleinen Funken ein großes Feuer entfachen und müssen nur zusehen, dass dieses Feuer nicht zu schnell erlischt. Der heute oft fehlende Aufbau- oder Entwicklungsprozess im individuellen Repertoire des jeweiligen Künstlers besorgt mich mehr. Von wem lernen sie, um was es letzten Endes geht? Wer hat das Auge auf ihre eigene gesangliche Entwicklung? Wen können sie nach der künstlerischen Essenz fragen und ob etwas wichtig ist oder nebensächlich? »Young Artist«-Programme werden genauso abgebaut wie die Stellen von Stimmcoaches im Haus. Als junger Sänger muss man musikalischen Feinheiten bereits in einer Coaching-Session oder während der Produktion zu begegnen lernen, denn auf der Bühne ist man bei einem Rollendebüt vollends damit beschäftigt, Regieanweisungen umzusetzen. Ich fürchte, ich klinge jetzt wirklich wie ein missmutiger Griesgram – dabei vermisse ich nur diese genuine künstlerische Arbeit im täglichen Produktionsbetrieb. Vor allem als Teil einer nachhaltigen künstlerischen Entwicklung.

Ihre drei ersten Da-Ponte-Opern haben Sie Mitte der 1980er-Jahre in Zürich gleich mit dem berühmten Regisseur Jean-Pierre Ponnelle erarbeitet. Das war auch für damalige Zeiten für einen jungen Sänger nicht selbstverständlich.

Es war ein Gottesgeschenk! Ich durfte bereits als junger Künstler mit fantastischen Kollegen, ob nun Regisseuren oder Dirigenten, zusammenarbeiten. Mitunter hatte ich das große Glück, James Levine zu begegnen. Das lief eigentlich immer so: Levine rief an und sagte:

»Ich habe Samstagabend eine Stunde Zeit, hast du Lust vorbeizukommen? Ich würde gerne noch einmal den zweiten Akt durchgehen.« Ob ich Lust hatte? Natürlich bin ich sofort losgelaufen! Jimmy hat mir oft mit ganz praktischen Tipps geholfen: »Wenn du das hier an dieser Stelle so hart nimmst, dann leidet die nächste Phrase.« Es ging wirklich um die Entwicklung meiner Stimme. Ganz ähnlich war es später in Proben mit Nikolaus Harnoncourt oder Wolfgang Sawallisch. Kein Wunder also, dass ich um junge Kollegen besorgt bin, die oft niemanden haben, der ihnen so etwas beibringt.

Debüt an der Metropolitan Opera in New York als Graf Almaviva in Le nozze di Figaro unter James Levine, 1986

An Künstler zu geraten, die ihre Erfahrung weitergeben, ist also für die Ausbildung eines Musikers von eminenter Wichtigkeit.

Carlos Kleiber hatte ein unglaublich befreiendes Lachen, wenn Menschen wie ich um ihn herum während der Probe ihr großes Aha-Erlebnis hatten. Aus der Zuschauerperspektive, wenn man die strengen Meister nur beim ernsten Dirigieren im Konzertsaal erlebt, kann man sich so etwas vermutlich gar nicht vorstellen.

Diese Kollegialität hinter den Kulissen wirkt sich doch sicher auch positiv auf das Endergebnis aus, will sagen, auf die Qualität des gemeinsam erarbeiteten Kunstwerks.

Keine Frage! Aber heute haben die einzelnen Disziplinen – scheint mir –, die alle im Dienst des einen Kunstwerks arbeiten sollten, viel weniger miteinander zu tun als früher. Da heißt es häufig: »Theater ist Theater, Musik ist Musik.«

Kann es sein, dass die fehlende Bereitschaft, gemeinsam und unter Kollegen ein Kunstereignis zu gestalten, auch am mangelnden Verständnis für die jeweils andere Disziplin liegt? Weil möglicherweise nicht jeder genau weiß, was der andere eigentlich macht?

Musiker haben in dieser Hinsicht vielleicht einen Vorteil: Sie haben in jedem Fall bereits vor den Proben viele Stunden mit einem Stück verbracht – der Dirigent studiert die Partitur, der Sänger lernt seine Rolle. Unter Umständen unterschätzen Regisseure manchmal einfach die Aufgabe, eine Oper zu entziffern und in ihrer musikalischen Struktur zu verstehen. Aber auch Sänger müssen aufpassen, sich nicht zur Nachlässigkeit verführen zu lassen und schlecht vorbereitet – aus welchen Gründen auch immer – zur Probe zu kommen.

Macbeth, San Francisco Opera, 2007

Conte Almaviva in Le nozze di Figaro,
Salzburger Festspiele, 1988

Il barbiere di Siviglia, Metropolitan Opera, 1992

Il barbiere di Siviglia, Royal Opera House Covent Garden, 1993

Hamlet, Monte Carlo, 1993

Don Giovanni, Wiener Staatsoper, 1989

Mit Nikolaus Harnoncourt, 1986

Mit James Levine, 1989

Mit Leonard Bernstein, 1988

Verleihung des Edison Award for Life Achievement, 2005

Mit Mariss Jansons und den Wiener Philharmonikern, Laeiszhalle Hamburg, 2011

Wolfram in Tannhäuser, Metropolitan Opera, 2004

Rodrigo in Don Carlo, Salzburger Festspiele, 2001

Mit Diana Damrau in Der Riese vom Steinfeld, Wiener Staatsoper, 2002

Don Giovanni, Metropolitan Opera, 1990

Don Giovanni, Salzburger Festspiele, 2002

Eugen Onegin, Opernhaus Zürich, 2010

Doktor Faust, Opernhaus Zürich, 2006

DOKTOR FAUST, Salzburger Festspiele, 1999

Guillaume Tell, Wiener Staatsoper, 1998

Werther, Metropolitan Opera, 1999

Mit Ekaterina Semenchuk in Eugen Onegin, Metropolitan Opera, 2009

Mit Anna Netrebko in La Traviata, Salzburger Festspiele, 2005

Mit Wolfram Rieger, Opernhaus Zürich, 2012

Auf Tournee in Europa mit dem New York Philharmonic Orchestra und Alan Gilbert, 2011

Operngala mit Luca Pisaroni in Busseto, 2013

Liederabend, Wigmore Hall, 2013

SONG OF AMERICA-Liederabend mit Warren Jones, 2012

Mit Renée Fleming in Thais, Metropolitan Opera, 2009

Simon Boccanegra, Wiener Staatsoper, 2002

Tosca, Santa Fe Opera, 2012

THAIS, Metropolitan Opera, 2009

I Masnadieri, Opernhaus Zürich, 2010

Mit Nadja Michael in Macbeth, Metropolitan Opera, 2012

Arabella, Wiener Staatsoper, 2006

Wirklich schlimm finde ich, wenn insbesondere junge Kollegen den Eindruck vermittelt bekommen, sie würden als Sänger nicht mehr gefordert oder hätten ohnehin nur zu tun, was man ihnen sagt. Dann schalten sie ab – und das kann man ihnen nicht einmal verdenken.

Was meinen Sie mit »abschalten«?

Sie lernen Noten und Text, »empfinden« die Geschichte aber nicht. Niemand fordert sie heraus, sich permanent zu überlegen, warum eine Figur in einem bestimmten Moment sagt, was sie sagt, oder tut, was sie tut. Von diesem Punkt an kann es nur schlechter werden … Fordern und Fördern sind wie siamesische Zwillinge.

Also, was ist der Ausweg?

Akribische Vorbereitung. Und immer die Frage nach dem Warum.

»Warum?« ist eine Frage, die man sich überhaupt viel häufiger stellen sollte.

Jede Oper kreist um ein inhaltliches Warum. Zunächst ist es eine musikalische Frage. Denn allem voran geht es um Harmonie und Melodie, Tonart und Rhythmus. Dazu kommt die Sprache. Erst wenn die grundlegenden Themen geklärt sind, kann man überhaupt die weiteren Dimensionen der Gedankenwelt angehen.

Wie häufig nehmen denn Regisseure an musikalischen Proben teil?

Ich glaube nicht, dass uns imaginäre Anwesenheitslisten oder die Trennung von szenischen und musikalischen Proben weiterbringen.

Meiner Erfahrung nach ist es die organischste Lösung, beides zusammen zu machen. Das schönste Arbeiten für mich ist so wie das mit Peter Stein und Antonio Pappano am Don Carlo bei den Salzburger Festspielen 2013. Meine Kollegen auf der Bühne waren Jonas Kaufmann, Anja Harteros, Ekaterina Semenchuk und Matti Salminen. In der ersten halben Stunde jeder Probe haben wir zunächst über die Bedeutung der einzelnen Szene gesprochen. Dann haben wir das Ganze einmal durchgesungen. Danach beantworteten Regisseur und Dirigent Fragen zu Phrasierung und Tempi. Erst wenn das alles geklärt war, haben wir versucht, die Szene in der besprochenen Weise auf der Bühne zu realisieren. So arbeiten zu dürfen ist für mich das größte Geschenk.

In der Maske: Don Carlo in Salzburg, 2013

In der Opernwelt inszenieren mittlerweile viele Leute aus dem Schauspiel …

Für Theaterregisseure erscheint es bestimmt ungewöhnlich, dass ein Sänger sehr häufig eine und dieselbe Figur in unterschiedlichen Inszenierungen darstellt – im Schauspiel ist das ja eher unüblich. Vermutlich glaubt er zunächst auch einmal nicht, dass ein in einer Rolle erfahrener Sänger überhaupt die Fähigkeit besitzt, diese Rolle so anzulegen, wie er, der Regisseur, sich das für *seine* Inszenierung vorstellt.

Als wäre alles Pulver schon verschossen, die Rolle sozusagen verbrannt und verbraucht.

Vor über zehn Jahren habe ich das einmal mit Luc Bondy in Frankreich erlebt, als wir am Théâtre du Châtelet gemeinsam an Don Carlo arbeiteten. Luc war völlig erstaunt, wie hart diese hochkarätige Besetzung von Roberto Alagna bis José van Dam, von Karita Mattila bis Waltraud Meier für ihn gearbeitet hat. Bühnenarbeit ist nun einmal harte Arbeit! José van Dam hat es damals Luc Bondy in aller Direktheit gesagt: »Ich hätte das nicht nach deinen Vorstellungen umsetzen können, wenn ich die Rolle nicht schon 20-mal gesungen hätte.« Deshalb schätze ich es sehr, mit einem Regisseur, den ich nicht kenne und der mich noch nicht kennt, erst einmal bei einem Kaffee zu sitzen und genau das auszusprechen.

Theater und Oper sind aber auch schwierige Pflaster: Da treffen egomane Alphatiere auf sensible Denker, lautstarke Tonangeber auf zurückhaltende Teamplayer.

Das Drama sollte sich dort abspielen, wo es hingehört: in der Musik und auf der Bühne. Es ist viel interessanter, wenn die Beteiligten einander zuhören und miteinander sprechen. Als Zugabe würde ich mir dann noch Interesse, ja vielleicht sogar wachsende Begeisterung für die jeweils andere Disziplin wünschen. Natürlich läuft in der Realität nicht immer alles perfekt ab, aber die Einstellung sollte stimmen. Gerade weil wir so abhängig voneinander sind, kann ich – nicht nur – zu jüngeren Kollegen klar und deutlich sagen: »Kenne dich selbst! Sei dir klar darüber, wer du bist und was du kannst, denn nur so vermagst du dich schneller und besser auf andere einzustellen.« Diese Fähigkeit war noch nie so wichtig wie heute. Und das ist eine wirklich positive Nachricht.

Das klingt nach einer wunderbaren Utopie: Theater als ein Ort des interdisziplinären Austauschs. Ein Ort, an dem selbstbewusste Menschen neugierig aufeinander sind …

Ist das wirklich so aus der Luft gegriffen? Mich hat am Theater immer alles interessiert, und ich war überall gerne dabei. Allerdings bin ich eigentlich scheu. Es mag vielleicht nicht so wirken … Wenn ich mich unverstanden fühle, bin ich leicht gekränkt.

Thomas Hampson lacht plötzlich auf. Und als hätte er meine Gedanken gelesen, liefert er die Erklärung:

Ich bin Krebs mit Fisch-Aszendent. Ich bin so sensibel, dass ich mich selbst am besten beleidigen kann.

Sagt Hampson selbstironisch.

Zum einen war alles Träumerische immer ein großer Teil meiner Persönlichkeit. Zum anderen finde ich aber einen Weg, wenn ich ein Ziel vor Augen habe.

Haben Sie Ihre vielfältigen Interessen irgendwann einmal auch als quälend empfunden?

Als ich jung war, traf wahrscheinlich, zur Sorge meiner Eltern, die englische Redensart »*Jack of all trades, master of none*« auf mich zu. Ich war so ein »Hansdampf in allen Gassen«. Auch wenn das nicht gerade positiv besetzt ist, eröffnete es für mich intellektuell »entlegene Gebiete«. Ich war – und bin bis heute – von Büchern fasziniert. Bibliotheken ziehen mich magisch an, und ich bewundere große Denker oder Gelehrte wie die George Steiners dieser Welt. Oder einen Jonathan Miller: witzig, intelligent und brillant. Als wir uns vor Jahren in Florenz begegneten, gingen wir von einem Museum zum nächsten. Sein renaissancehaftes Universaldenken beeindruckte mich tief. Und Nikolaus Harnoncourt, der mir in vielerlei Hinsicht ein äußerst inspirierender Mentor gewesen ist, weil er so unendlich musikalisch und abendländisch universal gebildet ist. Natürlich nicht zu vergessen die Übermusiker wie Leonard Bernstein oder Daniel Barenboim. Ich knie vor ihnen nieder und bewundere allem voran ihre Ausdrucksfähigkeit, wahrscheinlich weil ich selbst oft damit kämpfe. Großartige Gedanken zu haben ist das Eine, aber sie festhalten und weiterentwickeln zu können ist noch einmal eine andere Sache. Wenn ich das besser könnte, wäre ich vielleicht ein hervorragender Diplomat oder Jurist geworden ... Die großen Denker Aristoteles, Sokrates, Plato oder Pythagoras haben mich anfangs besonders fasziniert. Später entdeckte ich C. G. Jung für mich. Und meine Bewunderung für Gustav Mahler kommt sicher auch daher, dass er ein rastloser Leser und immer auf der Suche nach der Befriedigung seiner Neugier war. Das verbindet mich wahrscheinlich am stärksten mit ihm. Seine Lieder sind ja auch Momentaufnahmen verschiedener Gedanken und Beobachtungen von Menschen und warum sie tun, was sie tun. Ich kann diese innere Suche und Unzufriedenheit sehr gut nachvollziehen.

Diese Überempfindlichkeit in jungen Jahren – hat sich das von alleine gelegt, oder haben Sie das irgendwann aktiv für sich bearbeitet?

Mit Daniel Barenboim, 2003

Wenn ich mich einmal auf die Couch lege, stehe ich bestimmt nie wieder auf … Spaß beiseite – wie man eine Übersensibilität bearbeitet, habe ich nie bewusst überlegt. Aber als ich am Anfang meiner Karriere gerade nach Deutschland gekommen war, las ich während einer Zugfahrt ERINNERUNGEN – TRÄUME – GEDANKEN von C. G. Jung. Die Auseinandersetzung mit dem Bewusstsein und dem Unbewusstsein hat mich sehr beeindruckt – und auch sehr entlastet. Hermetisch abgeschlossene Gedankengebäude oder Dogmen waren mir immer fremd, und Jung hat mir Mut gemacht, dass es absolut okay ist, verrückte Gedanken zu haben. Jungs Beschreibungen, wie der Instinkt eines Menschen die Suche nach Antworten auf die Fragen des Seins beeinflusst, haben mich fasziniert. Dass sich dieser Instinkt in unterschiedlichen Kulturen unterschiedlicher Wege und Symbole bedient, beeinflusst natürlich auch die Künste. Das hat mir vieles erklärt. Fundamentalismus hingegen erhebt den Anspruch, die einzig richtigen Antworten zu haben – statt eine Gleichzeitigkeit von Realitäten zuzulassen. Doch aus der Quantenphysik wissen wir, dass es unmöglich ist, einen Momentzustand einzufrieren und exakt zu bemessen. Fokussiere ich einen bestimmten Zustand, wird der andere unscharf. Und andersherum. In der Musik beobachte ich ein ganz ähnliches Phänomen. Ich bin überzeugt, dass man gerade auch in der Musik Gleichzeitigkeiten akzeptieren muss, um dem Geheimnis überhaupt näherzukommen. Und Fundamentalismus ist immer gefährlich – auch in der Musik. Wie Aristoteles schon sagte: »Das Ganze ist immer mehr ist als die Summe seiner Teile.« Ich habe manchmal das Gefühl, dass die Beweglichkeit, genau das zu akzeptieren, im heutigen Opernbetrieb verloren gegangen ist. Weil alles entweder in Bezug auf finanziellen oder öffentlichen Erfolg messbar sein muss. Dabei sollten wir nie das Wunder des total Subjektiven in Leben, Musik oder Philosophie vergessen. Ferruccio Busoni beschrieb das Wunder eines Konzerterlebnisses so: Es entzieht sich eben gerade der strengen Ordnung und Quantifizierbarkeit.

Disziplin und Struktur haben keinen anderen Zweck, als diese Gleichzeitigkeit von Ereignissen einigermaßen in den Griff zu bekommen.

Ich könnte es nicht besser beschreiben. Disziplin ist kein Fach. Disziplin ist die Ordnung des Zufälligen. Und ich sage auch: Lebe bewusst, und bewege dich im Jetzt. Löse dich von Dingen, die dich ablenken könnten. Vielleicht habe ich deshalb so eine Passion für Golf. Der große Golfer Tom Watson sagte über diesen Sport: »Golf als ein Spiel ist letzten Endes nichts anderes als die Minimierung von Fehlern.« So ist es auch im Gesang. Alles Störende musst du marginalisieren, damit du möglichst frei gestalten kannst. Ich muss also, egal womit ich mich in Gedanken gerade beschäftige, mit Sicherheit wissen, wo alle meine Teile sind, damit ich Spontaneität zulassen kann. Echte Unmittelbarkeit auf der Bühne kann nur geschehen, wenn deine Körperbeherrschung in Fleisch und Blut übergegangen ist. Um ein Beispiel zu geben: Ich habe 2011, zum zehnten Jahrestag von Nine-Eleven, an der San Francisco Opera die Uraufführung von Christopher Theofanidis' HEART OF A SOLDIER gesungen. Diese Oper – nach einer Biografie von Pulitzer-Preisträger James B. Stewart – handelt von einem amerikanischen Helden, der während der Anschläge auf das World Trade Center 3000 Menschenleben retten konnte, weil er als Notfalltrainer in den Hochhäusern immer darauf bestanden hatte, Übungen über alle 40 Etagen durchzuführen: Was passiert, wenn eine Katastrophe kommt? Rick Rescorlas Mantra war: »*Your body remembers what your mind forgets.*« – »Dein Körper erinnert sich an das, was dein Kopf vergisst.« Das entscheidet in Ausnahmesituationen über Leben und Tod. Wenn du es trainiert hast, wird dein Körper dich automatisch zu den Treppen bringen … Genau diese unterbewusste Sicherheit brauchst du auf der Bühne, auch um Raum für neue Interpretationen zu haben.

Nun zu den Menschen, von denen ein Künstler umgeben ist. Wem vertrauen Sie, oder wer gibt Ihnen heute ehrliches Feedback?

Ohne zu tief in die philosophische Betrachtung von wahrer Freundschaft zu kommen – jeder Mensch, egal ob Künstler oder nicht, braucht treue und ehrliche Wegbegleiter. Natürlich muss man sagen, dass ein Leben aus dem Koffer und das ständige Reisen besondere Ansprüche an diese Freundschaften stellen. Das Schicksal war mir in dieser Hinsicht allerdings sehr wohl gesonnen. Man kann sich wirklich glücklich schätzen, wenn man einen kleinen Kreis von guten »Beratern« hat und Menschen trifft, die einen so grundlegend verstehen, als könnten sie Gedanken lesen. So jemand ist für mich beispielsweise der Münchner Literatur- und Musikwissenschaftler Jens Malte Fischer. Er ist nicht nur unglaublich intelligent und gebildet, sondern auch einer meiner treuesten Wegbegleiter, auf dessen differenzierte und ehrliche Meinung ich in all den Jahren der gemeinsamen Arbeit und Freundschaft immer zählen konnte.

Wie wichtig ist ein Manager oder guter Agent für einen Künstler?

In diesem Bereich hat sich viel verändert in den letzten Jahren. Man braucht wirklich jemanden, der jeden Tag wieder dein Dossier aufmacht und überlegt, welche Projekte für dich interessant sein könnten. In einer idealen Welt ist ein Manager etwas Tolles. Der Betrieb, in dem wir arbeiten, kann ein unersättliches Monster sein. Du brauchst einen starken Fürsprecher, einen ausdauernden Kämpfer. Ich hatte schon gute und weniger gute Arbeitsbeziehungen mit meinem Management. Einer der wichtigsten Wegbegleiter war mit Sicherheit Tom Graham, eine mitunter sehr brüske Person. Sein Markenzeichen waren Nachrichten im Telegrammstil: »Ja.« – »Nein.« – »Niemals.« – »Das kannst du dir nicht leisten.« Du wusstest immer, woran du bei ihm warst. Unsere Aufgabenteilung war klar: Er machte die Termine und Verträge, ich kümmerte mich ums Repertoire und die Kunst. Wir haben über 20 Jahre lang miteinander gearbeitet. Tom Graham war wirklich der Urmanager – er hat mein Leben in Bezug auf Engagements, Repertoireauswahl und Arbeitspensum gemanaged. Er verstand Stimmen und hatte eine Repertoirekenntnis, die ich nach seiner Pensionierung nur selten bei jemandem erlebt habe. Ich wäre heute nicht da, wo ich bin, ohne ihn. Tom Graham hat quasi das Fundament gelegt. Mein heutiges Team leistet hervorragende Arbeit und hat sein »Erbe« sehr würdig fortgeführt.

Mit dem langjährigen Manager Tom Graham Ende der 1980er-Jahre

Aber einmal abgesehen vom »Business« und den Engagements: Gäbe es für Sie überhaupt ein Leben ohne Musik?

Ein Leben ohne Musik ist für mich unvorstellbar. Wenn ich die Stimme verlieren würde, würde ich Gitarre lernen. Wenn ich keine Finger hätte, würde ich lernen, mit meinen Füßen zu trommeln. Keine Musik: was für ein schrecklicher Gedanke! Wenn ich mein Gehör verlieren würde – nicht auszudenken!

Ich will etwas sagen, doch Thomas Hampson ist so berührt von dem Thema, dass er mich nicht zu Wort kommen lässt. Seine nächste Frage ist eine rhetorische, nicht an mich gewandt.

Kann man sich Beethovens Taubheit überhaupt vorstellen?

Kein Zweifel: Das Gespräch nimmt eine rapide Wendung. Was erwidert man auf eine solch unerwartete Entgegnung? Immerhin hat uns Beethovens persönliches Unglück den gigantischen Kosmos eines Gehörlosen geschaffen, Musik aus seinem Innersten.

Ich kenne keinen Musiker, der nicht um seine Ohren bangt. Nikolaus Harnoncourt hat immer gesagt, seine größte Furcht sei, nicht mehr präzise hören zu können. Wir leben mit dieser Sorge und sind gleichzeitig Teil einer im höchsten Maß ohrenunfreundlichen Welt.

Ist die Angst um die Ohren größer als die Sorge um die Stimme?

Eines funktioniert nicht ohne das andere. Ohne meine Ohren kann ich nicht singen. Mir würden alle Möglichkeiten fehlen, die Stimme präzise zu steuern. Oft arbeite ich mit »geschlossenen« Ohren: Wenn ich lese oder studiere, blockiere ich meine Ohren mit Ohrstöpseln. Erstens habe ich dann keine Ablenkungen um mich herum, zweitens kann ich leiser agieren, weil ich nur im Kopf höre. Beim Einsingen schließe ich oft die Ohren, um ausschließlich die feine Vibration der Stimmlippen bearbeiten zu können. Aber Vorsicht: Diese Technik ist nicht für jeden geeignet!

Apropos Hören: Konzertsäle sind unterschiedlich klug konstruiert.

Es gibt immer wieder Konzertsäle, die für andere Bedürfnisse gebaut wurden. Wenn über die akustischen Eigenschaften eines Konzertsaals gesprochen wird, geht es immer um die »gute« oder die »schreckliche« Akustik. Meistens bezieht sich das nur darauf, was bei den Zuhörern ankommt. Aber wie sich Musiker auf der Bühne gegenseitig hören können, das ist ebenfalls ein wichtiger Aspekt für das künstlerische Ergebnis, denn er beeinflusst unmittelbar, wie exakt und wie vital musiziert wird. Jedes Haus hat seine spezifischen Eigenschaften. Daher muss man die eigene Stimme zu 100 Prozent kennen, denn die akustische Umgebung wird immer wechseln.

Wie lernt man, sein Gehör zu trainieren – und gleichzeitig zu schonen?

Wenn ein Einsatzwagen mit heulendem Martinshorn auf der Straße vorbeifährt oder ein Zug am Bahnübergang vorbeidonnert – Finger

Bei einem Konzert mit den Wiener Virtuosen im Konzerthaus Wien, 2006

in die Ohren! Es gibt eine Grundregel: Sich nicht mutwillig dem Lärm aussetzen und ihn nicht freiwillig aushalten. Und nicht erst reagieren, wenn die Schmerzgrenze bereits überschritten ist. Besonders übel sind überraschende Lärmspitzen. Ich habe mir zum Beispiel auch angewöhnt, im Flugzeug generell Ohrstöpsel zu verwenden. Und ich genieße die Stille. Man muss manchmal die Ruhe der Natur finden, um zu begreifen, wie unglaublich laut unsere Welt geworden ist. Nicht zuletzt deshalb wandere ich gerne. In der Natur kann man ideal lernen, wie man eigentlich atmen und hörend die Umgebung wahrnehmen sollte.

Umgebungslärm geht nicht nur aufs Trommelfell. Er muss auch vom Gehirn verarbeitet werden – und hat natürlich Auswirkungen auf den Körper. Stille ist nicht die Abwesenheit von Geräusch.

Vor vielen Jahren machte ich einmal mit Margaret Hillis – einer Legende von Chordirektorin! – in Chicago Brahms' DEUTSCHES REQUIEM. Beim letzten Satz –

Thomas Hampson haucht singend: »Der Geist spricht …«

– erklärte sie dem Chor: »So vieles, wenn wir Musik machen, dreht sich darum, wie wir die Stille formen.« Dieser Satz ist seit damals fest in meinem Kopf verankert. Im Liedgesang ist das ja offensichtlich. Umso deprimierender dann, wenn die Atmosphäre am Ende eines Musikstücks ganz aufgeladen ist, wenn in diesem Moment des Atem-Anhaltens jemand sogleich hineinhustet.

Hampson hustet vor: Er macht das wirklich gekonnt. Man merkt, der Mann hat reichlich Erfahrung damit.

Alanis Morisette in ihrem dritten Studioalbum JAGGED LITTLE PILL: »Why are you so petrified of silence? Here, can you handle this?« – *und für einen schrecklich langen Moment folgt tatsächlich komplette*

Stille. Ich beobachte, dass viele Menschen Schwierigkeiten haben, solche Stille auszuhalten. Da drängt das Unterbewusstsein, diese Stille zu zerstören.

Ich konnte noch nie lesen oder lernen, wenn nebenbei Musik läuft. Eine schöne Platte auflegen und ein Buch lesen: für mich ein absoluter Widerspruch. Ich höre immer noch sehr viel Musik, wenn ich mich thematisch mit einem Komponisten oder einer Epoche auseinandersetze. Aber ich merke, dass ich seit ein paar Jahren deutlich weniger »Begleitmusik« um mich haben möchte. Meine liebste Begleitmusik ist eigentlich Stille.

»Keine einzige Vorstellung ist jemals nur Routine«

Bühnenalltag in Salzburg und anderswo

Es sind die Nebeneffekte des Salzburger Festspiellebens: Was tun mit all den Mitbringseln? Andrea Herberstein trägt schwer an diversen Geschenken und Dankesgaben: eine gewaltige LP-Box mit Originalaufnahmen. Fantastisch für einen Sammler und Vinyl-Afficionado wie Thomas Hampson. Oder diese prächtigen Kunstbücher, dick und schwer und gleich drei davon. »Natürlich freuen wir uns darüber«, sagt Andrea Herberstein, »ich überlege nur gerade, wie wir die Dinge am besten einpacken. Wir sind ja weiter unterwegs.« Ihren Mann fragt sie: »Wie geht es deiner Stimme heute?« – »Meiner Stimme?« Thomas Hampson schließt für einen Moment die Augen und scheint nachzudenken. »Gute Frage, stimmt. Habe ich mir noch gar nicht überlegt.« Er singt ein bisschen vor sich hin, ein kleines Knurren signalisiert Zufriedenheit. »Alles in Ordnung.«

Ist das die Frage, die sich ein Sänger jeden Morgen stellt, wenn er aufwacht: Wie ist meine Stimme heute?

Thomas Hampson grinst, kaut aber erst einmal eine Pastille.

Es mag lustig klingen, aber prinzipiell ist die Frage nicht so außergewöhnlich. Ich sehe immer, wie ich mich am Morgen fühle. Ein bisschen Summen in der Früh – hmmmmmm. Irgendwelche Nebengeräusche? Alles Routine. Das erste Dehnen nach dem Aufwachen ist wichtig. Das tägliche Yoga oder Turnen. Die letzte Phase dieser rund 45 Minuten, je nach Zeit und Lust, ist dann tatsächlich das Einsingen. Ich singe mich gerne früh am Tag ein.

In Salzburg, 2002

»Früh« ist ein relativer Begriff. Was bedeutet das in Ihrem Fall?

Nach dem Aufstehen. Dabei ist mir egal, ob das um acht oder um elf Uhr ist. Heute Abend singe ich in Don Carlo, und die Vorstellung im Großen Festspielhaus beginnt ungewöhnlich früh. Also muss ich entsprechend früher mit der Vorbereitung beginnen. Ich habe schon ein paar Dehnübungen gemacht, um wach zu werden. Ich spreche in derselben Stimmlage, in der ich auch singe. Wenn ich also leise spreche und konzentriert auf die Vibration und die Resonanz meiner Stimmlippen im Kopf achte, ist das schon die erste bewusste Vorbereitung. Dieses bewusste Aufwachen und In-den-Körper-Hören mache ich jeden Tag, selbst im Urlaub. Nur wenn ich wirklich einmal eine Woche total abschalten will, was leider viel zu selten möglich ist, dann setze ich tatsächlich aus. Dazu rät mir auch mein Arzt. Das ist dann wie ein Neustart beim Computer. Nach einer Woche fährt man die Systeme langsam und sanft wieder hoch. Das bedeutet einfach, ein bis zwei Tage sorgfältiger einsingen. Obwohl die Stimme sehr ausgeruht und daher frisch ist, könnten bei einem zu ehrgeizigen Beginn die Stimmbänder strapaziert werden. Ich bin einfach vorsichtig und erzwinge nichts. Alles muss in einer guten Balance sein.

Geht das überhaupt: bewusst abschalten?

Damit ich bei meinem Arbeitspensum in meiner Balance bleibe, gilt eine Regel: Wenn ich nicht arbeite, arbeite ich nicht. Was nicht heißt, dass ich nichts tue. Ich habe ja beispielsweise auch unternehmerische Pflichten, nicht zuletzt, was die Verantwortung für meine Stiftung betrifft – das beansprucht ziemlich viel Zeit. Ich beschäftige mich einfach mit einem Projekt, recherchiere ein Thema, schlage in einem Buch nach oder höre mir eine Aufnahme an. In Phasen, in denen ich keine Rollen, keine Liedtexte lernen muss, wandere ich gerne durch weniger vertraute musikalische Landschaften. Dann nehme ich mir Komponisten vor, die ich besser kennenlernen möchte. Solche Momente gibt es immer wieder vor und während einer Saison. Man muss sich manchmal bewusst freinehmen. Dann erledige ich wichtige Dinge oder gehe in den Baumarkt und streiche die Wände unserer Wohnung neu. Das tut unglaublich gut.

Schwer vorzustellen. Andererseits, ich entdecke es bei einem späteren Treffen: Die Arbeitshandschuhe liegen noch immer in der sonst perfekt aufgeräumten Wohnung.

Es muss nicht immer Kopfarbeit sein. Wenn man das ganze Jahr über so viel reist wie ich, dann ist es einfach schön, ein paar Tage zu Hause zu verbringen. Ich finde es sehr entspannend, sich mit so zentralen Fragen zu beschäftigen wie, ob man die Stühle woanders hinstellen oder das Bett verrücken soll. Das ist ein perfektes Gegenprogramm zu meinem Arbeitsleben.

Ruht Thomas Hampson in sich?

Ich kann wirklich sehr gut abschalten. Wenn ich dann mal eine Woche in den Tag hineingelebt habe, kann es schon passieren, dass ich mich danach wundere, wo die Zeit geblieben ist.

Aber wie oft gibt es diese Woche schon?

Ich gebe zu: Das ist eine meiner Schwächen, dass ich mir diese Auszeit zu selten nehme. Urlaub ist sehr wichtig, und ich hätte gerne mehr davon. Aber es fällt mir schwer, Zeit für Urlaub einzuplanen, weil es einfach viel zu viele interessante Projekte und Engagements gibt.

Kennen Sie das: Angst um die Belastbarkeit der eigenen Stimme zu haben?

Angst habe ich nicht. Man muss wissen und laufend hinterfragen, was man kann und was jenseits der Leistungsgrenze liegt. Das ist quasi ein Prozess der ständigen Selbstreflektion. Wenn du 20 Jahre alt bist, dann strotzt du vielleicht vor Energie und Ehrgeiz und verfügst über die tollsten Töne in allen möglichen Registern. Aber wie die wunderbare Elisabeth Schwarzkopf immer sagte: »Suche nicht dein Repertoire; es wird dich suchen.« Diese Einsicht ist sehr weise. Was man in seinen Zwanzigern für sich findet und bearbeitet, was man in den Dreißigern dann festigt, bevor man in den Vierzigern zu einer echten Reife gelangt, das unterscheidet sich beträchtlich im Repertoire und in den Typen, die man im jeweiligen Alter auf der Bühne gut und glaubhaft spielen kann. Dazu kommt die menschliche Dimension, physisch oder psychisch. Es kann sein, dass man sich in einer schwierigen Phase befindet – durch gesundheitliche Probleme oder vielleicht gesangliche oder technische Stolpersteine –, und danach löst sich der Knoten auf einmal wie von selbst.

So grundsätzlich war meine Frage gar nicht gemeint. Aber bevor ich einhaken kann, unterbricht Thomas Hampson sich selbst.

Sie meinten mit Ihrer Frage doch sicher: Was macht mir Angst bei meiner Stimme?

Ich nicke nur.

Jeder Sänger denkt, wenn man eine schwere Bronchitis oder eine Laryngitis hat, bei der man nur noch krächzt: Um Gottes Willen, wird das wieder? Die Stimme ist ein so wertvolles Geschenk! Deshalb verlangt sie Pflege und einen verantwortungsvollen Umgang. Jemand, der anfällig ist, muss auf jeden Fall laufend mit einem Arzt zusammenarbeiten. Ich bin glücklicherweise ziemlich robust, aber auch ich kenne meine Schwachpunkte. Obwohl ich gedacht hatte, schon eine Menge über meinen Körper und meine Stimme zu wissen, hat mir eine Gastritis vor einiger Zeit ganz neue Einsichten in die Funktionsweise meines Körpers eröffnet. Gerade jungen Künstlern, die viel unterwegs sind, kann ich nur raten, Blut- und Allergietests zu machen, um vor allem Lebensmittelunverträglichkeiten zu bestimmen.

Und sonst?

Für Nichtsänger ist es wahrscheinlich schwer vorstellbar, was es bedeutet, immer vorsichtig sein zu müssen. Man macht sich bestimmt auch mal über einen Schal im Sommer lustig. Aber dieser Schal ist eine Art Gesundheitsversicherung. Ich würde nichtsingende Menschen gelegentlich gerne darauf aufmerksam machen, wie häufig sie sich räuspern, ohne es überhaupt zu merken. Oder wie oft sie vielleicht nicht wirklich krank sind, aber doch deutlich merken, dass mit ihnen etwas nicht stimmt. Dieses »Etwas stimmt nicht« kann für mich ein absolutes Arbeitshindernis sein. Und wenn es wie heute nieselt, trage ich natürlich einen Schal. Alles andere wäre unverantwortlich.

Gibt es denn große Unterschiede zwischen einem Leistungssportler und einem Sänger?

Das ist in jedem Fall ein guter Vergleich. Man muss bereit sein, dem Körper maximale Leistung abzuverlangen. Ich bin sicher, es gibt keinen Musiker und schon gar keinen Sänger, der mit einem besseren Verständnis und Training seines Körpers nicht auch besser singt. Müssen wir also als muskelbepackte Athleten herumlaufen? Nein, das wäre ein gefährliches Missverständnis. Man kann natürlich schlank sein, aber man muss flexibel bleiben – insbesondere die Muskulatur in Abdomen und Brustkorb. So attraktiv es aussehen mag: Wenn diese Bereiche durch Krafttraining modelliert sind, als wären sie in Stein gemeißelt, ist das für das Singen nicht gut. Krankhafte Schlankheit ist einer der schlimmsten Feinde gesunden Gesangs.

Wenn Sie abends als Posa auf der Bühne stehen: Spüren Sie dann tagsüber eine latente Anspannung? Oder ist das nach all den Jahren einfach Routine?

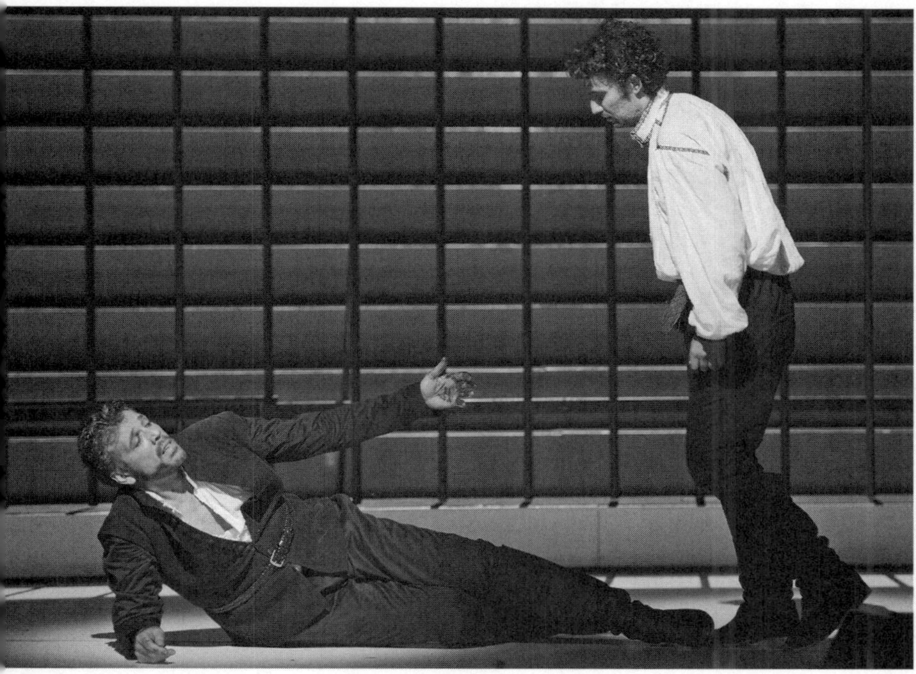

Als Posa mit Jonas Kaufmann in Don Carlo bei den Salzburger Festspielen, 2013

Keine einzige Vorstellung ist jemals nur Routine. Im Gegenteil: Die Tatsache, dass wir heute, an einem Vorstellungstag, weiter an diesem Buch arbeiten, ist sehr ungewöhnlich. Wenn ich mich nicht ganz gesund und ausgeschlafen fühlte, hätte ich unser Gespräch verschieben müssen. Oder wenn ich an aufeinanderfolgenden Tagen auf der Bühne stehe – auch das gab es in Salzburg schon: vier Auftritte in fünf Tagen, von Britten bis Verdi –, dann muss ich wirklich sehr auf den jeweiligen Abend fokussiert sein. Die eigene Belastung gut einschätzen zu können und den richtigen Tagesrhythmus zu finden, kommt mit der Lebenserfahrung. Aber unabhängig davon: Ab einer gewissen Uhrzeit ist meine Konzentration ausschließlich auf die Vorstellung gerichtet. Dann lese ich auch keine E-Mails oder Google News mehr. Vielleicht blättere ich – bei einem Werk wie Don Carlo ganz sicher – nachmittags noch einmal durch den Klavierauszug. Der Ablauf ist eigentlich immer gleich: Ein leichtes Mittagessen, ein kurzer Spaziergang und danach wie immer Turnen und Einsingen. Immerhin habe ich fünf Stunden Musik vor mir.

Es gibt gestandene Künstler mit fürchterlichem Lampenfieber. Kennen Sie das?

Nervös werde ich nur dann, wenn ich in der Musik nicht 100-prozentig sattelfest bin. Liederabende, bei denen das halbe Programm neu für mich ist, sind natürlich nervenaufreibend. Wenn ich an meine erste WINTERREISE zurückdenke, an den ersten LIEDERKREIS OP. 39: Das hat nicht nur eine unvorstellbare Konzentration gefordert, sondern beim ersten Mal auch viele Nerven gekostet. Eine existenzielle Krise hatte ich glücklicherweise nie. Mit viel Disziplin und Willen kann man als Opernsänger sehr lange arbeiten. Ich bin auch fest davon überzeugt, dass man mit Erfahrung und Reife als Sänger immer interessanter wird. Man entwickelt sich stets weiter und ist nie fertig.

Sind die Salzburger Festspiele eine Ausnahmesituation?

Ja.

Inwiefern?

In jeder Hinsicht. Was in Salzburg innerhalb von sechs Wochen geschieht, füllt selbst an größeren Häusern leicht den Spielplan einer halben Saison. Alleine die logistischen Herausforderungen sind enorm. Wenn dann Unvorhergesehenes passiert, was immer der Fall ist, braucht es immense Flexibilität und Disziplin aller. Das gilt für die Künstler wie für das Festspiel-Team. Salzburg bedeutet natürlich viele Besucher, aber auch viele Vertreter der Musikindustrie, die Projekte entwickeln und sich für diese nach geeigneten Künstlern umschauen. Also trifft sich alles in Salzburg. Jeder Künstler steht automatisch unter Beobachtung. Manchmal fühlt man sich wie ein Fisch im Aquarium und hofft, nicht gleich verspeist zu werden. Salzburg ist, wie in einem hyperaktiven Zustand zu sein. Das kann sehr erfüllen, aber auch schnell erdrücken. Den Stressfaktor darf man keinesfalls unterschätzen. In unserer Familie gibt es eine Art Running Gag: »Salzburg ist nichts für Feiglinge.«

Aber diese Klaviatur ist Ihnen doch bestens vertraut.

Manchmal musst du nach Luft schnappen und sagen: »Jetzt reicht's, sonst raste ich aus.« Die Arbeitsbedingungen bei den Salzburger Festspielen sind, wie an anderen großen Opernhäusern auch, generell recht gut. Wie überall ist die Netto-Zeit auf der Bühne extrem wertvoll. Diese Tendenz ist hier besonders greifbar. Wenn man auf der Bühne probt, sollte man keine Zeit vergeuden; man muss eingesungen und perfekt vorbereitet sein. Denn sehr oft wird man es nicht probieren dürfen, das ist aus verschiedenen Gründen einfach nicht möglich.

Die nächste Frage hätte gerne ich formuliert, aber Thomas Hampson hat sie möglicherweise schon so oft beantwortet, dass er sie sich routiniert gleich selbst stellt.

Singe ich in Salzburg anders? Nein. Warum sollte ich? Wenn ich singe, singe ich. Ich habe den Anspruch an mich, immer mein Bestes zu geben. Ob drei oder 3000 Menschen zuhören, darf keine Rolle für die künstlerische Leistung spielen. Dass bei den Salzburger Festspielen, immerhin eines der weltweit bedeutendsten Festivals für Musik und Schauspiel, mehr Kameras und Mikrofone auf einen gerichtet sind als sonst, erhöht einfach die nervliche Anspannung. Aber das gehört zum Job.

Kommt man in Salzburg auch zum Nachdenken?

Immer wieder werden die Festspiele als »Werkstatt« beschrieben. Diese Einschätzung teile ich nicht. Aber ich finde, auf der Erde sollte es einen Ort geben, an dem die Besten der Besten ihr Bestes geben. Salzburg ist ein solcher Ort. Wenn man nach Salzburg kommt, darf man sich nicht auf bislang Erreichtes verlassen oder vom eigenen Ruf und Ruhm zehren. Vielmehr sollte man die Chance wahrnehmen, seine Grenzen neu zu definieren. Damit kann Neues entstehen und traditionelles Repertoire andere Impulse bekommen. Es ist eine Herausforderung, unterschiedlichste Interessen und Erwartungen unter einen Hut zu bringen. Die Giganten Giuseppe Verdi, Richard Wagner und Benjamin Britten haben 2013 einem ohnehin schon wundervollen Sommer einen besonderen Glanz verliehen.

Erzählen Sie von der Arbeit an Don Carlo, mit Peter Stein in der Regie und Antonio Pappano am Pult. Mit welchen Erwartungen gehen Sie in eine solche Produktion? Welche Erfahrungen nehmen Sie mit auf die Bühne?

Die Arbeit war, wie gesagt, fantastisch. Antonio Pappano nimmt als Dirigent seine künstlerische Verantwortung sehr ernst und kommt, wenn irgend möglich, zu jeder Probe und nimmt aktiv teil. Dann arbeiten wir an der Linienführung einzelner Stellen und probieren Ausdrucksmöglichkeiten, gesangliche und musikalische. Diese detaillierte Arbeit kam im konkreten Fall natürlich auch von Regisseur Peter Stein. Er mag es, eine Inszenierung langsam zu entwickeln, und ist nicht von Anfang an auf ein bestimmtes Ergebnis fixiert. Bei unserer Probe saßen wir erst einmal alle zusammen und lasen das Stück wie Schauspieler mit verteilten Rollen. Wir waren eine sehr erfahrene Besetzung, und Peter Stein wollte hören, welche Rollenverständnisse wir mitbrachten. Er hatte alte Regiebücher mit von Verdi beeinflussten Hinweisen zu seinen Figuren als Vergleich zur Hand – gewissenhafteste Entzifferungsarbeit als Basis einer guten Regie. Erst dann haben wir die Oper durchgesungen, um die musikalischen Parameter festzulegen. Da geht es in der Regel um Dinge wie Pausen und Fermaten, Forte und Piano. Das ist alles andere als banal. Ein Forte zum Beispiel ist ja keine zufällige kompositorische »Dienstanweisung«. Es gibt selbstverständlich einen künstlerischen Grund aus Text und Musik.

Wie haben Sie die Arbeit mit dem Altmeister Peter Stein erlebt?

Für mich war das sehr aufregend. Dank seiner jahrzehntelangen Erfahrung hat er wie immer mit unbestechlichen Adleraugen auf jede Szene geblickt. Er erkennt sofort, ob etwas glaubwürdig ist oder nicht! Diese Glaubwürdigkeit in der Darstellung einer Figur ist das absolut Zentrale für ihn: Wer man *ist*, bestimmt, was man *tut*. Und nicht umkehrt. Auch dass er aus einer Partitur heraus arbeitet, ist heute schon fast eine Ausnahme.

Konnten Sie dieses Vertrauen in die Musik für sich nutzen?

Ich denke, ich habe Posa besser als zuvor gesungen. Und die lange Bühnenerfahrung mit der Figur stärkt natürlich das Vertrauen in das eigene Rollenverständnis. An manchen Stellen wollte Peter Stein seinen Posa anders zeigen oder war überzeugt, dass dieser in einer bestimmten Situation anders denken würde. Für unseren DON CARLO haben wir enorme Zustimmung vom Publikum erhalten.

Auch die Kritik war weitgehend sehr positiv. Antonio Pappano hat im Orchestergraben wirklich Großartiges geleistet.

DON CARLO ist eine Oper, in der sehr leidenschaftlich und sehr vergeblich geliebt wird. Es ist eine Zwickmühle ganz nach Verdis Geschmack, in der das persönliche Glück unversöhnlich gegen das Glück der anderen steht: Don Carlo und Elisabeth wären das perfekte Paar, doch die Vernunft bringt sie dazu, statt des Infanten seinen Vater zu heiraten. Prinzessin Eboli, krank vor Liebe, erkennt erst später, dass sie Don Carlo nie wird bekommen können, und eine Welt bricht für sie zusammen. In vielen Inszenierungen wird diese verzweifelte, enttäuschte Eboli tatsächlich zur bösen Hexe, das heißt: Von Anfang an wird sie gezeigt als dunkle Macht, die Befriedigung nur in der Zerstörung findet. Auch wenn sie es später so bitterlich bereuen wird. Als Figur ist diese Eboli ein starker Kontrast zum edlen, vernünftigen, aufrichtigen Marquis de Posa. Hier die emotional getriebene Frau, die nur ihre eigene Agenda kennt, dort der Staatsmann und loyale Freund, uneigennützig bis zur Selbstaufgabe, der Flandern retten will … Wem dieser Hintergrund geläufig ist, dürfte in der Salzburger Inszenierung einige solcher Feinheiten erkannt haben, subtile, aber nicht unwesentliche Verschiebungen. Sie offenbaren sich durch die Musik, nicht auf der großen – oft zu großen – Bühne, die in dieser Ausstattung nie recht zum Raum wird. Zu einem Resonanzraum für Verdis Gefühlswelten, für Sehnsucht, Liebe und Verrat. Viele Kritiker wunderten sich, wo eigentlich die Inszenierung abgeblieben sei, während sie die Starbesetzung priesen.

In meiner Wahrnehmung ist Thomas Hampsons Posa ein

väterlicher Freund, eine Art politischer Berater, dem realen Altersunterschied zu Jonas Kaufmann entsprechend. Hampson auf der Bühne, seine Statur ist unverkennbar: ein groß gewachsener Mann mit perfekter Haltung. Ein Grandseigneur.

Nicht viel anders als vor zehn Jahren, bilde ich mir ein. Damals stand Thomas Hampson als Don Giovanni auf der Salzburger Bühne, sie war unbarmherzig weiß und unbarmherzig leer: Es war Martin Kušejs radikaler Abgesang auf die Tradition des Nachtstücks. In klinisch reiner Umgebung inszenierte er einen gnadenlosen Overkill an Allerweltserotik. Sollte man diesen Wurf bereits »legendär« nennen? Ein Meilenstein war es auf jeden Fall, allein schon weil das Festspielpublikum in Liebe zu einer jungen, zierlichen Sängerin entbrannte: Anna Netrebko … Nikolaus Harnoncourt hielt jenen Don Giovanni von Anfang an in tiefgefrorenem Zustand. Ungeheuer grüblerisch und wie in wehmütigem Erinnern an eine seltsame Verwirrung der Herzen. Ein tastendes Erinnern, eine vorsichtige Rekonstruktion der Ereignisse. Thomas Hampson sang damals das gurrende Werben, er zauberte ein Piano der Unschuld und das Herzklopfen der ersten Liebe hervor. Er war kein Draufgänger, kein Casanova, sondern der perfekte Verführer. Sein wunderbares Flüstern wurde getragen von Harnoncourts Klängen größter Schönheit und glühendster Leidenschaft. Am Ende, wie immer bei Mozart, blieb nichts, wie es war. Auf dem Friedhof erwachten die verflossenen Geliebten: mit dem Zottelhaar der Untoten und dem Kummerspeck des Lebens auf den Hüften. Gut möglich, dass sich Don Giovanni vor diesem Anblick mehr gruselte als vor der Erscheinung des

Im Salzburger DON GIOVANNI *mit Ildebrando D'Arcangelo als Leporello, 2006*

Komturs. Nicht im Feuer und Qualm der Hölle versank der Wüstling; es blieb die Kälte des Schnees. Auf der Haut und in der Seele.

Lebt eine Opernproduktion eigentlich eher aus ihrer Inszenierung für die Bühne oder eher aus ihrer musikalischen Gestalt heraus? Oft genug bekommt man den Eindruck, der Dirigent kann »pinseln«, was er will: Die meisten Menschen würden wohl sagen, sie sehen *eine Oper.*

Ich persönlich bin überzeugt, dass Oper zunächst eine musikalische und keine theatralische Kunstform ist. Theater ist das Mittel, die

Debüt als Don Giovanni in der Regie von Jean-Pierre Ponnelle in Zürich, 1987

musikalische Kunstform auf der Bühne zu realisieren. Die treibende Kraft der Erzählung und des Dramas ist die Sprache der Musik. Jeder Atemzug ist vom Komponisten vorbestimmt. Nicht vom Librettisten. Nicht vom Regisseur. Und schon gar nicht von mir selbst.

Oft werden Inszenierung und Bühnenbild verwechselt: Man spricht von einer »modernen« Inszenierung und meint damit eigentlich nur eine entsprechende Ästhetik der Kulissen und Kostüme. Und anders herum habe ich aufregend neue, bahnbrechende Abende erlebt, an denen man sich besser nicht vom harmlosen Bühnenbild und den braven Kostümen täuschen ließ.

Es gibt sehr interessante visuelle Lösungen für eine Oper, die die Geschichte und Personenführung wunderbar ergänzen. Das finde ich spannend. Wenn es eine Oper verträgt, bevorzuge ich selbst abstrakte oder zeitlos ästhetisch ansprechende Kulissen. Die lenken die Aufmerksamkeit auf das Wesentliche und lassen es das Publikum intensiver wahrnehmen. Trotz allem: Der Treibstoff der Oper ist Musik, Musik, Musik. Musik im Rhythmus, Musik in der Harmonie. Überraschenderweise spielt die Melodie dabei gar keine so große Rolle. Gerade in seinen reifen Opern gelingt es Verdi, für jede einzelne Figur eine eigene und unverwechselbare Sprache zu entwickeln. Das gilt es zu erkennen, zu verstehen und umzusetzen. Da geht es nicht darum, einer bestimmten Figur mein Timbre aufzudrücken. Am Bariton faszinierte Verdi insbesondere die obere Mittellage. Hier soll man dramatisch klingen, aber gleichzeitig auch gehaucht, lyrisch und sanft sein können. Insofern ist der moderne Bariton im Sinne Verdis eher ein Cousin des Tenors als des Bassbaritons. Anders bei Richard Wagner: Er denkt vom tieferen Fach her und arbeitet mit den höheren Facetten dieser dunklen Stimme. Nicht ohne Grund spricht er immer von einem »hohen Bass«.

Sie singen Verdi und *Wagner …*

Wir leben in einer Zeit der raschen Etikettierungen, deshalb gibt es den »Verdi-Bariton«. Für manche ist diese Kategorisierung eine Art Kodex. Für mich ist das, ehrlich gesagt, unsinnig. Es gibt von Verdi keine zwei identischen Baritonrollen. Es sind unterschiedliche Figuren mit ganz unterschiedlichen Gefühlslagen und Denkweisen, weshalb sie auch anders singen oder sich einer anderen Sprache bedienen. Posa ist nicht Germont, Germont schon gar nicht Falstaff. Und Falstaff ist kein Jago. Der erste Posa war ein Lieblingssänger Verdis, der sehr berühmte französische Bariton Jean-Baptiste Faure. Spannend ist dabei auch der Blick auf seine anderen Rollen: Er sang die Uraufführung von Ambroise Thomas' HAMLET zum Beispiel. Später war Faure einer der ersten Franzosen, die Amfortas einstudiert haben. Wir besitzen Tonaufnahmen aus dieser Zeit – das waren nie einfach nur »laute« Stimmen. Sondern Sänger, die sich immer fragten: Wie kannst du welchen Gedanken ausdrücken?

Eine vielleicht banale Frage: Warum singen Menschen überhaupt?

Darüber sind sich sogar die Wissenschaftler uneins. Fest steht, dass Gesang schon in den frühen Tagen der Menschheit eine Rolle spielte. Charles Darwin meinte, sogar vor der Sprache. Die gängigste Theorie besagt, dass Gesang vor allem der Stärkung des Gemeinschaftsgefühls diente. Vermutlich war das in Vorzeiten ein Gesang, der zwar nichts mit einer modernen Melodie gemein hatte, sich aber in jedem Fall deutlich von der Alltagssprache unterschied. Dazu gibt es einen treffenden Ausspruch von dem amerikanischen Komponisten Aaron Copland, der sinngemäß sagte: »Ein schöpfender Künstler kann nur ausdrücken, was es bedeutet, in diesem einen Moment der Weltgeschichte lebendig zu sein.« Diesen Gedanken finde ich bemerkenswert. Denn für einen wiedererschaffenden Künstler wie mich ist es eine gewaltige Verantwortung, jenes Lebendigsein stets aufs Neue hörbar und erlebbar zu machen.

Eine ganz andere Frage: Was denken Sie, wie spätere Generationen auf die Komponisten des 20. Jahrhunderts zurückblicken werden?

Da gibt es schon einige Namen. Benjamin Britten – ein Gigant! Man wird ihn in einem Atemzug mit Mozart, Verdi, Wagner nennen. Und Alban Berg, Alexander Zemlinsky, Franz Schreker, Hans Pfitzner – ich möchte nicht auf seinen PALESTRINA verzichten müssen. Die vielen amerikanischen Opern fallen aus europäischer Perspektive oft unter den Tisch, weil sie sehr an die amerikanische Sprache und an amerikanische Besonderheiten gebunden sind. Das ist auch gut so: Kunst soll ja die Kultur widerspiegeln, in der sie entsteht.

Für die Oper gesprochen, kommt das 20. Jahrhundert doch dem Vorhaben recht nahe, innere Zustände ganz aus der Musik heraus zu beschreiben. Wenn ich an Benjamin Brittens Angstwelten in THE TURN OF THE SCREW denke: Die würden doch auch ganz ohne jeden Text funktionieren.

Donald Mitchell, der Britten gut kannte, war der erste Wissenschaftler, der behauptete: »Britten ist im Grunde die Fortsetzung Verdis.« Diese Aussage schockierte mich zunächst. Das hatte ich vorher nie so gedacht. Aber es ist wahr! Nicht nur die Umgebung, sondern auch die ganz individualisierte Sprache jeder einzelnen Figur, in THE TURN OF THE SCREW genauso wie in PETER GRIMES. Die Stimmlagen der Typen sind in ihrer spezifischen Melodie, Harmonie und Rhythmik bis ins kleinste Detail charakterisiert. Nebenbei bemerkt: Die Sprachbehandlung in der Oper ist so gut, dass man mit Britten bestens Englisch, mit Verdi Italienisch und aus Mahler-Liedern Deutsch lernen kann.

Sie beschreiben Musik ja als eine völlig eigenständige Sprache.

Ich sage das, weil ich das weitverbreitete Missverständnis aufklären möchte, dass Musik nur eine mehr oder weniger angenehme Verpackung dessen ist, was auf der Bühne geschieht. Antonio Pappano hat

In Benjamin Brittens BILLY BUDD *an der Metropolitan Opera, 1992*

es in einem Interview ziemlich kompromisslos auf den Punkt gebracht: »Musikalischer Ausdruck ist kein Tomatenketchup.« Also, Musik ist die Substanz. Nehmen wir etwa COSÌ FAN TUTTE: Wenn man hier nicht durch die Musik den Unterschied zwischen banaler Komödie, echtem Humor und menschlicher Tragödie versteht, läuft etwas schief. Die recht einfache Story ist doch nebensächlich. So haben wir sechs unterschiedliche Aspekte von Leben und Liebe als

Bühne für Mozarts Sprache menschlicher Emotionen: Die Verabschiedung der beiden Liebespaare im ersten Akt ist einer der schönsten musikalischen Momente überhaupt. Ihren Trennungsschmerz kann jeder nachempfinden. Und wenn wir am Schluss als Zuhörer nicht mit flauem Magen dasitzen und uns bang fragen, was wir da eigentlich gerade erlebt haben, wenn das Ganze stattdessen in der Komödie erstarrt, dann bleibt alles an der Oberfläche.

Mit Antonio Pappano und Ian Bostridge bei den Proben zu Benjamin Brittens War Requiem, 2013

Apropos Oberfläche: Ich finde die Bemerkung über Mozarts Opern sehr treffend, die Dämonen würden dicht unter der Oberfläche lauern. Man muss diese Teufel sozusagen ständig scharren und kratzen hören.

Wenn Nikolaus Harnoncourt sagt, dass Mozart in der Operngeschichte als Dramaturg Seinesgleichen nicht findet, ist das genau in diesem Sinne. Mozart hat die menschliche Seele mit all ihren Abgründen in- und auswendig gekannt.

Für mich ist immer wieder faszinierend, wie das bis in die kleinsten musikalischen Details in der Partitur belegbar ist.

Genau um diese Nuancen geht es! Noch einmal mit Harnoncourt gesagt, vor dem ich unermesslichen Respekt habe: Selbst die Tempomarkierungen in einer Mozart-Oper sind niemals zufällig oder gar beliebig. Keinesfalls darf man sie auf die leichte Schulter nehmen. »Andante« ist definitiv etwas anderes als »Andantino«. Jede einzelne dieser vielen überlegt abgestuften Tempobezeichnungen hat einen inhaltlichen Drang und Charakter. Gerade bei Mozart passiert es aber mittlerweile häufig, dass der Wunsch nach einer »modernen Unmittelbarkeit« schnell zu einem schmissig beschleunigten Tempo verführt. Das ist überhaupt nicht nötig und bringt nur eine ungesunde Vordergründigkeit mit sich.

Thomas Hampson ist in seinem Element. Er hat sich in Rage geredet, und seine Statements sind flammende Appelle.

Auch bei Giuseppe Verdi gibt es ein Umfeld feinster Abstufungen. Das ist wirklich unglaublich! Wir Musiker können das gar nicht ernst genug nehmen. Bei Verdi-Gesang denkt man immer an Lautstärke und Stimmfülle. Doch wie kurz gegriffen! Die Ausdrucksskala bei Verdi ist eine Wissenschaft für sich: Durch Tempobezeichnungen und dynamische Markierungen eröffnet sich ein ganzes Universum.

Andrea Herberstein betritt die Hotelsuite. Wahrscheinlich kennt sie das schon, dass ihr Mann die Zeit vergisst, wenn er erst einmal in Fahrt ist. »Wir sollten Mittagessen bestellen«, sagt sie bestimmt.

Ich hätte gerne mein Salzburger Vorstellungs-Mittagsmenü. Naturschnitzel mit Gemüse und Reis.

Thomas Hampson wendet sich wieder an mich.

Um das noch einmal klarer zu machen: Damit ein Regiekonzept funktioniert, sind *alle* Beteiligten – Bühnenbildner, Kostümbildner, Regisseur, Dirigent, Sänger – gleichermaßen gefordert. Nicht nur der Regisseur! Es ist eine schlechte Angewohnheit, strikt zwischen den verschiedenen Disziplinen zu trennen, denn das Ganze funktioniert nur, wenn sich alle auf eine Linie einigen.

Haben Dirigenten denn unterschiedlich ausgeprägte Fähigkeiten, die Sprache der Musik zu dechiffrieren und für Sänger zugänglich zu machen?

Es ist eine große Begabung, die Kunstform Oper zu beherrschen. Viele sinfonische Dirigenten ohne Bühnenerfahrung haben zu Beginn großen Respekt vor dieser Aufgabe. Eine Figur im Raum zu gestalten ist eine ganz fundamentale musikalische Herausforderung. Ein Dirigent sollte wie ein Sänger atmen, und ein Sänger sollte in musikalischen Zusammenhängen denken, sonst wird es schwierig. Jungen Operndirigenten und jungen Opernsängern sei unbedingt geraten, sich gut auf diese Aufgabe vorzubereiten. Dann gibt es auch mehr Verständnis für die Möglichkeiten sängerischer Gestaltung oder Lebendigkeit.

Vielleicht braucht es für eine solche Souveränität doch auch Lebenserfahrung.

Es ist ein Prozess, bei dem man nie ans Ziel gelangt. Man muss offen, ehrlich und demütig sein. Und bereit, sich umzustellen. Da war und ist es für mich ein echtes Glück, mit herausragenden Dirigenten arbeiten zu dürfen. Das trifft nicht nur auf die Giganten der älteren Generation Leonard Bernstein, Nikolaus Harnoncourt, James Levine oder Wolfgang Sawallisch zu, sondern auch auf die *neuen* Giganten wie Mariss Jansons und Michael Tilson Thomas und sogar auf die herausragenden Dirigenten der jüngeren Generation wie mein langjähriger Freund und kongenialer musikalischer Partner Philippe Jordan oder Yannick Nézet-Séguin und Gustavo Dudamel. Ich freue mich auch schon sehr auf die geplanten Projekte mit Andris Nelsons, Kirill Petrenko und Pablo Heras-Casado. Es ist immer wieder erstaunlich, wie schnell parallel zu einer besonderen Zusammenarbeit auch eine Freundschaft erwächst. Spezielle musikalische Momente sind spezielle Momente des Lebens. Gerade mit Mariss Jansons verbindet mich seit Jahrzehnten eine tiefe Freundschaft, die mein Leben in vielerlei Hinsicht auf ganz wunderbare Weise beeinflusst hat.

Die Frage wäre aber schon: Wie beschreibe ich das alles einem Regisseur, der nicht atmet?

Ich hoffe sehr, dass er atmet, sonst müssen wir den Notarzt rufen. Wenn er nicht mitatmet, wird es kompliziert …

Ich traue mich kaum zu fragen: Kennen Sie die Angst, während eines Auftritts den Text zu vergessen?

Natürlich. Sänger und Texte pflegen eine Art Hassliebe zueinander, keine Frage. Bei manchen Liederabend-Programmen denke ich mir selbst: Um Himmels Willen, das ist aber eine Menge Text! Ein langer Wurm nach dem anderen. Mit Angst vor Aussetzern auf die Bühne zu treten ist kein gutes Gefühl. Jeder Sänger kennt das. Egal, wie sorgfältig etwas gelernt wurde. Auch das erste Mal in einer neuen Rolle ist ein besonderer Nervenkitzel. Ich werde eigentlich nur dann wirklich nervös, wenn ich unsicher bin.

Welche Tricks gibt es, mit Stresssituationen auf der Bühne umzugehen?

Wie bewahrt man seine Nerven? Die Frage nach den Nerven hat viel mit der Einstellung zu tun, warum man überhaupt dort steht. Ich stehe auf der Bühne, um etwas hörbar und erlebbar zu machen. Wenn ich PARSIFAL mache, ist mir auf der Bühne die Welt von Amfortas wesentlich wichtiger als jene von Thomas Hampson. Das Gleiche gilt für Liederabende. Ich nehme mir viel Zeit, um Programme zusammenzustellen. Das ist eine Frage des intellektuellen Anspruchs und schont gleichzeitig meine Nerven. Aber Lampenfieber war für mich persönlich nie ein großes Problem. Und dieses Flattern, dass man auf die Bühne drängt, »weil man so viel zu erzählen hat«, lag mir immer fern. Selbst wenn man die Auftrittsarie der Titelfigur in IL BARBIERE DI SIVIGLIA singt. Und das ist eine echte Zirkusnummer, bei der du nicht nur die Töne parat haben musst – da müssen auch die Funken sprühen. Der Barbier strotzt vor Ego, also musst auch du vor Ego strotzen. Wenn du weißt, was du tust, musst du nicht nervös sein. Mein wichtigster Rat an junge Kollegen: »Singe die Menschen nicht an. Singe *für* sie. Bist du fokussiert und mit Adrenalin durchströmt wie ein Sprinter zwei Sekunden vor dem Startschuss? Ich hoffe es, denn sonst wird es langweilig.« Aber es kann durchaus passieren, dass man plötzlich einen Hänger hat, selbst in Stücken, die einem seit Jahren vertraut sind. Wenn gar nichts mehr geht, muss man dichten.

Man kann Thomas Hampson dabei zusehen, wie sich ein Gedanke in seinem Kopf formt: Die Stirn legt sich in Falten, die Augen blitzen, dann spielt ein Lächeln um seine Mundwinkel, das sich in einem Lachen entlädt. Das dauert nur eine Sekunde, aber man weiß dann schon: Jetzt kommt gleich etwas.

Es gibt da eine legendäre Geschichte über einen Kollegen. Am Schluss vom ERLKÖNIG heißt es: »Erreicht den Hof mit Mühe und Not; / In seinen Armen das Kind war tot«. Das ist eine typische Falle, du singst …

Thomas Hampson setzt an:

»Erreicht den Hof mit Not und Müh; / In seinen Armen das Kind … war fühhh …«

Er kichert vergnügt über seinen absurd theatralischen Schluss.

Da muss man durch. Und meistens merken es gar nicht so viele. Man selbst empfindet es in der Regel als viel schlimmer. Da klaffen Fremd- und Selbstwahrnehmung deutlich auseinander. Obwohl beim ERLKÖNIG … Wenn man sich, wie sehr häufig, nicht topfit fühlt, ist das manchmal gar nicht so schlecht, weil man dadurch abgelenkt ist. Man muss natürlich musikalisch und textlich gut vorbereitet sein, aber die Konzentration auf den Körper hat Vorrang. Dann musst du loslassen und hoffen, dass es gut geht. Und beim nächsten Mal denkst du dir: Wow, das war ein Abend, endlich habe ich so gesungen, wie ich mir das immer vorstelle! Und dann kommt jemand und meint: »Bist du sehr erschöpft?« Dann wiederum gibt es die Abende, die du als absolutes Desaster empfindest. Aber, o Wunder, du bekommst tolle Komplimente und rührende Rückmeldungen. Lange Rede, kurzer Sinn: Alles, was du auf der Bühne leistest – Lebendigkeit, Austausch und Emotion durch Musik – muss letzten Endes völlig unabhängig sein von deiner eigenen subjektiven Einschätzung. Das ist eine wesentliche, vielleicht die zentralste professionelle Erfahrung.

Wie viele Opernrollen gibt es denn, bei denen Sie sagen können: »Wenn ich in fünf Minuten auf die Bühne müsste, kein Problem«?

Warum sollte ich je den Gedanken hegen, unvorbereitet auf die Bühne zu gehen? Was für ein Albtraum! Das ist absolut jenseits meiner Vorstellung, das würde ich nie machen. Kunst erfordert Vorbereitung. Im Laufe der Jahre sammelt sich natürlich einiges an Repertoire an, das ich sehr schnell aktivieren könnte. Aber einfach unvorbereitet aufzutauchen wäre eine Unverschämtheit. Ich könnte heute Abend wahrscheinlich eine Handvoll Rollen aus dem Stegreif singen. Doch selbst Liederabende mit Stücken von Gustav Mahler – die mittlerweile alte Freunde für mich geworden sind – verlangen strengste Disziplin. Es gibt keinen Liederabend, nicht einmal auf Tournee, den ich am Aufführungstag nicht noch einmal probiert hätte. Der Körper erinnert sich an das, was der Kopf hin und wieder vergisst. Das ist wie ein Backup-Plan, damit man auf der sicheren Seite ist. Insbesondere Opernrollen verlangen gründliche Vorbereitung. Ich muss immer die SD-Karte in meinem Kopf einschieben und mir vorsagen: Ich lese jetzt von dieser Festplatte und nicht mehr von jener.

»Es gibt keinen einzigen Moment in Mahlers Musik, der mich nicht fasziniert«

Von Schubert zu Mahler zu Wozzeck

Preisfrage: Schubert oder Mahler?

Schubert bleibt die Muse von allen. Wirklich etabliert hat sich die Liedform dann wahrscheinlich erst durch die pianistische und kompositorische Sprache Schumanns. Schumann hat gezeigt, wie man alles strukturieren und variieren kann, was aus Schuberts Herzen kam. Die beiden sind für mich die Säulen, auf denen alles andere ruht. Meine Zeitrechnung ist: entweder vor Schubert oder nach Schumann. Schubert ist wirklich ein eigener Kosmos. Mehr als 600 Lieder, von seinem symphonischen Werk ganz zu schweigen. Das Wenigste von dem, was er komponiert hat, durfte er selbst je hören. Ein Genius, vergleichbar nur mit Shakespeare vielleicht.

Ein Solitär.

Wir dürfen Mozart natürlich nicht vergessen. Der war auch nicht ganz unbegabt …

Hampson zeigt das ihm eigene spitzbübische Lächeln.

Die Da-Ponte-Opern Don Giovanni, Le nozze di Figaro und Così fan tutte öffnen eine absolut neuartige Weise, Charaktere zu zeigen. Aber der Opern-Kosmos von Mozart ist nicht zu vergleichen mit dem Lieder-Kosmos von Schubert. Die ästhetische Erwartung in den Jahren 1813 bis 1816, als Schubert wirklich zu Schubert wurde, war bereits eine andere Welt. Schubert ist derjenige, der uns im Liedfach die Ohren für eine extramusikalische Dimension geöffnet hat. Damit meine ich zum Beispiel die Klänge der Natur: Wer hatte bis dahin versucht, galoppierende Pferde, sich drehende Spinnräder oder gar eine Leier als Spiegel der Seele musikalisch darzustellen? Wie die großen Denker die Auseinandersetzung mit Begriffen wie dem »Recht auf Selbstbestimmung« und »Freiheit« anzuregen vermochten, so hat Schubert über die Ohren neue ästhetische Perspektiven eröffnet. Er war seiner Zeit so unglaublich voraus! Insofern ist es für mich auch überhaupt keine Überraschung, dass wir Schuberts Geist und Seele irgendwie bei Mahler wiederfinden. Mahler hat Beethoven vergöttert und Schubert geliebt.

Mit Wolfgang Sawallisch während einer Japantournee mit Schuberts Winterreise, 1998

Gustav Mahler … Wie nähern wir uns dieser anderen so zentralen Figur in Ihrem künstlerischen Leben? Gab es den einen Moment einer Explosion, in dem Sie dastanden, vom Donner gerührt, und wussten, dass sich Ihr Leben gerade für immer verändert hat?

Es gab so etwas wie eine Erscheinung – ganz im Ernst. Das war Ende der 1970er-Jahre, als ich mit meinem Studium mehr oder weniger fertig war und diverse Jobs hatte, um mich über Wasser zu halten. Ich kellnerte in einem deutschen Restaurant – wenn ich zur Arbeit sang, gab's gleich noch ein extra Trinkgeld –, gab Gesangsunterricht, mähte in der Nachbarschaft Rasen und verkaufte Inserate für die Programmhefte des Sinfonieorchesters. Gegen Provision! Auf die Idee war vor mir noch niemand gekommen … Etwa 30 Meilen von Spokane, im Nachbarstaat Idaho, liegt Coeur d'Alene. Dort gab es ein tolles Community College mit einer erstaunlich großen Musikabteilung, an dem ich unterrichtete. Natürlich hatte ich ein Auto – nichts geht im kleinstädtischen Amerika ohne Auto – mit einer ziemlich guten Tonanlage inklusive Tapedeck. Und natürlich hörte ich immerzu Musik …

Wenn Thomas Hampson einmal ins Erzählen kommt, dann ist er ganz in seinem Element …

Trotz Spätanmeldung war ich für die 1978er-Sommerklasse in der Music Academy of the West angenommen worden und traf dort erstmals auf aufstrebende gleichaltrige junge Sänger. In meinem zweiten Sommer 1979 hat mich dann der Leiter des Gesangsprogramms, der berühmte französische Bariton Martial Singher, mächtig eingeteilt. Ich stand jeden Freitag auf der Bühne. Es war wirklich viel Arbeit, hat aber großen Spaß gemacht. Ich tat praktisch nichts anderes außer Notenlesen und Notenlernen. Einer der Kurse war Mahlers KINDERTOTENLIEDERN gewidmet. Die fünf Lieder wurden auf fünf Sänger aufgeteilt, und ich sollte das zweite übernehmen. Also begann ich mehr oder weniger gezwungenermaßen, mich mit der Welt und der Musiksprache Mahlers auseinanderzusetzen und fing einfach von vorne an, mit einem Büchlein über die Erste Sinfonie.

Man darf nicht vergessen: Damals gab's kein Wikipedia, kein iTunes …

Dazu holte ich mir eine Kassette mit Mahlers Erster Sinfonie aus der öffentlichen Bibliothek, legte sie in mein Autoradio ein und fuhr los: Bis nach Coeur d'Alene dauerte die Fahrt 40 Minuten auf dem Highway. Etwa auf halber Strecke …

Thomas Hampson fängt an zu singen, fast meint man, das Orchester selbst zu hören.

… geschah etwas sehr Merkwürdiges. Plötzlich wurde mir schwindelig, und ich hatte das Gefühl, die ganze Mahler-Welt würde über mich hereinbrechen. Ich war total verunsichert und dachte: Irgendetwas stimmt da nicht. Ich schlich mit nur noch 50 Stundenkilometern dahin, die anderen Autos zogen hupend an mir vorüber. Ich dachte wirklich, mein Auto sei kaputt, und fuhr auf einen Rastplatz. Aber das Auto war völlig in Ordnung. Ich war derjenige, der aus der Bahn geworfen war, so benommen war ich von dieser Klangwelt. So etwas hatte ich noch nie gehört …

Ein lebensveränderndes Ereignis! Was haben Sie dann gemacht, sind Sie noch nach Coeur d'Alene gefahren?

Natürlich hatte ich alle Termine verpasst und musste umplanen. Das war kein Problem, aber ein paar meiner älteren Kollegen sahen mir offenbar an, dass mit mir etwas nicht stimmte. Einer fragte mich direkt, was los sei, lachte dann und meinte: »Du musst aufpassen:

Mahler ist wie eine Droge.« Er gab mir Tipps, welche Aufnahmen ich hören und was ich am besten lesen sollte. Er hatte verstanden, dass einen Mahler buchstäblich aus der Spur nehmen kann. Und er hatte noch eine Warnung für mich: »Wenn du Mahler hörst, musst du viel Zeit einplanen, denn es wird dauern, bis du dich in dieser Wahnsinnswelt halbwegs zurechtfindest.«

Ich vermute, er behielt Recht?

Absolut. Ich war wie besessen, doch wo ich auch suchte, ich bekam keine Antworten, sondern wurde immer unersättlicher und wollte immer mehr wissen. Ich begann, regelmäßig Mahler-Sinfonien zu hören, manchmal konzentriert auf einzelne Sätze. Ich kann nicht mit Gewissheit sagen, wann ich zum ersten Mal eine Mahler-Sinfonie live gehört habe. Wahrscheinlich in Spokane. Es gab damals ein großes Projekt mit Mahlers ACHTER, und ich war bei allen Proben dabei. Bereits in diesem Herbst, also 1979, durfte ich in Los Angeles bei Horst Günter vorsingen. Schon beim ersten Gespräch erzählte ich ihm von meiner Erfahrung mit den KINDERTOTENLIEDERN. »Mein Gott, das ist schon schwer«, meinte er. »Was ist mit den LIEDERN EINES FAHRENDEN GESELLEN?« – »Welche Lieder?«, fragte ich. Kurz: Ich fing also mit dem FAHRENDEN GESELLEN an, danach kam DES KNABEN WUNDERHORN und so weiter. Mein erster öffentlicher Auftritt mit dem FAHRENDEN GESELLEN war dann tatsächlich unter der strengen Aufsicht von Horst Günter. Das war bei einem Sommerkonzert des American Youth Symphonic Orchestra, das zur UCLA gehört, und der Dirigent war der unendlich beeindruckende Mehli Mehta – übrigens mein erster Kontakt zur Mehta-Familie, der zu einer ganz innigen Freundschaft führte. 1985 begegnete ich schließlich Herta Blaukopf, der großen Wiener Mahler-Gelehrten, und Henry-Louis de La Grange, dem legendären Mahler-Biografen.

Mit dem Mahler-Biografen Henry-Louis de La Grange auf dem Iglauer Friedhof, der letzten Ruhestätte von Mahlers Eltern, 2010

Er leitete damals das Festival in Toblach, Gustav Mahlers »Zauberort« in den Dolomiten, und bat mich, einen Liederabend zu gestalten: »Gustav Mahler und seine Zeit«. Dabei kam ich zum ersten Mal mit Liedern von Alexander Zemlinsky in Berührung. Und erkannte, dass Arnold Schönberg, Anton Webern oder Alban Berg nicht nur Skurriles komponiert hatten. Ich habe mir einen Stammbaum dieser musikalischen Freundschaften gemacht – der liegt noch heute in meinem Züricher Arbeitszimmer. Wieder einmal: Autodidakt, der ich bin, habe ich mir einen Blitzkurs in »Fin de Siècle« verordnet. Jede Quelle, die ich finden konnte, wurde abgeschöpft, und jedes Geld, das ich übrig hatte, in Antiquariaten ausgegeben: Erstausgaben von Noten, die kein Mensch haben wollte. Inzwischen sind sie sehr gesucht. Ich weiß bis heute nicht, ob ich meiner Frau böse oder dankbar sein soll, dass sie mir das Wiener Auktionshaus Dorotheum gezeigt hat … Effekt dieses Toblach-Projekts war jedenfalls, dass ich vor allem die Genealogie der Mahler-Lieder verstanden habe. Damals gab es auch ein ziemlich aktives Mahler-Festival in Kassel, auf dessen Spielplan Konzerte mit dem jungen Ádám Fischer und dem noch jüngeren Manfred Honeck am Pult standen. Das waren drei tolle Sommer. Dann geschah es, es muss 1988 gewesen sein, dass mich eine österreichische Musikwissenschaftlerin kontaktierte, Renate Stark-Voit, die ihre Dissertation über den Volkston in den Liedern von Gustav Mahler geschrieben hatte. Kurze Zeit später war ich für Dreharbeiten in Prag und las jede freie Minute in ihrem Buch. Die Bekanntschaft mit der Wissenschaftlerin führte zu Diskussionen, warum es denn noch keine kritische Ausgabe von DES KNABEN WUNDERHORN gab. Also sprachen wir mit dem Musikwissenschaftler und Komponisten Karl Heinz Füssl, dem damalige Projektleiter der kritischen Ausgabe der Internationalen Gustav Mahler Gesellschaft in Wien. Er war amüsiert von der Vorstellung, dass da ein junger Amerikaner angeschneit kam, so leidenschaftlich »saubere« Noten einforderte und auch noch Geld dafür auftreiben wollte. Folglich bat er mich mitzuarbeiten. Ich zierte mich allerdings noch eine ganze Weile, meinte, ich hätte keinerlei Kompetenz und könne nur mit Mühe Noten lesen. Natürlich artete das in Gelächter aus. Eine Menge Arbeit und einiges Geld später …

Thomas Hampson lacht, als könnte er das heute selbst kaum glauben.

… konnten wir Leonard Bernstein tatsächlich einen gedruckten hellblauen Band von DES KNABEN WUNDERHORN widmen.

Richtig, Bernstein hatten Sie ja sozusagen über Mahler kennengelernt.

Im Februar 1990 führten wir die LIEDER EINES FAHRENDEN GESELLEN und die RÜCKERT-LIEDER in der Carnegie Hall auf. Es war mein Debüt und gleichzeitig Leonard Bernsteins letzter Auftritt in diesem

Saal. In der Zeit hat er auch darauf bestanden, dass Michael Tilson Thomas und ich einander kennenlernten. Wenn ich sage, er hatte mich zum Pacific Music Festival nach Japan »eingeladen«, dann trifft es das allerdings nicht ganz. Wenn Bernstein nämlich etwas wollte, dann waren das Dienstanweisungen: »Du bist in Sapporo, mit mir, mit Michael, in diesem Sommer. Basta.« Der Maestro hatte Michael Tilson Thomas, der damals das London Symphony Orchestra leitete, und mir befohlen, Freunde zu werden. Ich war völlig eingeschüchtert, denn Michael ist eine der begabtesten, intelligentesten, faszinierendsten Persönlichkeiten, denen ich je begegnet bin. Dieser Freundschaft fühlte ich mich zu dem Zeitpunkt einfach nicht gewachsen. Der Auftritt in Sapporo war meine erste Reise nach Asien, und schon der Jetlag hatte mich komplett erledigt. In jenen Tagen feierte ich auch meinen 35. Geburtstag, in einer Karaoke-Bar

Mit Michael Tilson Thomas in New York, 2006

mit viel Sake und Bier, und Lenny schenkte mir ein mehr als zweideutiges japanisches Heftchen. Ein wenig skurril war er schon … Damals sprach er auch davon, mit Dirigieren aufzuhören und den Rest seines Lebens der Nachwuchsarbeit zu widmen. Das war meine letzte persönliche Begegnung mit ihm. Im darauffolgenden Herbst starb Leonard Bernstein. Angeblich war das Letzte, was man von ihm hörte …

Thomas Hampson macht Bernsteins tiefe Stimme nach:

»*What's this*?« –, und dann stürzte er zu Boden und war tot. Tot mit 72, aber immerhin nach einem sehr intensiven Leben.

»What's this?« *ist eine eigenartige Frage.*

Bestimmt gibt es eine Geschichte dahinter.

Es folgt eine lange Pause.

An diesem Abend hatte ich eine Don Giovanni-Vorstellung an der Met, nach der ich viele Blumen mit Kärtchen bekam, auf denen stand: »Wir bedauern Ihren Verlust!« und »Herzliches Beileid«. Das war schon eigenartig. Ich erinnere mich auch, dass Jimmy Levine zu mir in die Garderobe kam, was äußerst selten war. Er schloss die Tür hinter sich und sagte …

Hier wird Thomas Hampsons Stimme brüchig, man hört richtig, wie die Emotionen wiederkehren und er diesen Moment noch einmal erlebt. Noch eine Pause, ein gedankliches Anlaufnehmen, um den Satz zu vollenden, und dann:

»It's up to us now.«

Wir versinken in Schweigen; ich kann nur ahnen, was dieser eine Satz für Thomas Hampson bedeutet haben muss, als Erbe und Auftrag.

Es war, ah …

Pause.

… furchtbar. Und dann kam es noch furchtbarer. Im Herbst 1989 – ein Jahr vor Bernsteins Tod – hatten wir die Rückert-Lieder und den Fahrenden Gesellen für die Deutsche Grammophon aufgezeichnet, und es gab noch musikalische Fehler in den ursprünglichen Aufzeichnungen. Damit die Produktion fertiggestellt werden konnte, musste ich noch einmal in ein Wiener Studio, einen Nachbau des Musikvereins, und Playback singen. Aber ich konnte einfach nicht, war wie gelähmt und bin drei- oder viermal heulend zusammengebrochen. Mit Bernstein zu musizieren, das war wirklich eine Offenbarung: Du hast plötzlich gesungen, wie du das nie von dir gedacht hättest. »Vertrau mir, ich bringe dich da hin.« Ja, das hat er getan.

Welches Bild von Gustav Mahler haben Sie in dieser Zeit gewonnen?

Alles, was Mahler gehört und wahrgenommen hat, ob ein fallendes Blatt, ein Gespräch, eine Betonung, eine Straßenbahn, alles ist sofort Ton geworden. Geräusche haben sich blitzartig in sein musikalisches Gedächtnis eingebrannt. Man darf das nicht vergessen, er war der Direktor der Wiener Hofoper und hatte damit ein umfangreiches Arbeitspensum. Dann, in den zweieinhalb Monaten seiner Urlaubszeit, holt er auf Knopfdruck seine Kreativität aus dem Keller. Unvorstellbar, dass ihm das so gelang! Ich versuche jetzt schon seit einigen Jahren, seine Einflüsse nachzuvollziehen. Welche Bücher las er? Mit wem umgab er sich? Und ich versuche, ihn über Zitate und Briefe wahrzunehmen. Das ergibt für mich schon ein ganz anderes Bild dieses Genies. Ich sehe einen Mann mit einem wissenden, geduldigen Humor anderen Menschen gegenüber. Und gleichzeitig einen Mann ohne jede Geduld für Unaufrichtigkeit, Schlamperei oder Faulheit. Der profunde Blick auf das Menschliche ist in einer freudigen und freundlichen, ganz und gar wissenden Art dargestellt: Ich liebe das in seinen Liedern. Und eines ist für mich vollkommen eindeutig: Er hatte ganz bestimmt keine Todessehnsucht. Es wäre ein großes Missverständnis, ihm das zu unterstellen. Ihn beschäftigte die Verantwortung, mit echter Leidenschaft und Liebe nach einem Höheren zu streben. Was das sein könnte – hier, scheint mir, kommt Mahlers Judentum zum Tragen –, ist ein Mysterium. Die Frage nach Gott: Wir Menschen dürfen nur ahnen. Ich nehme ihn in vielerlei Hinsicht als Mystiker wahr. Es gibt keinen einzigen Moment in Mahlers Musik, der mich nicht fasziniert.

Ist Mahler der Komponist, dem Sie auch am meisten vertrauen?

Meine Auseinandersetzung mit Mahler hat etwas Alchemistisches. Die Arbeit ist noch lange nicht beendet.

Haben Sie das Gefühl, dass es bei Mahler immer noch Neues zu entdecken gibt?

Ja, natürlich. Und manches gibt es, was wir schon wissen, aber was noch nicht umgesetzt worden ist. In der heutigen Zeit ist es einfach nicht richtig, dass Konzerte – insbesondere Orchesteraufführungen von DES KNABEN WUNDERHORN – mit zwei Stimmen auf einem Lied gesungen werden. Das ist fast eine Beleidigung des Balladenvortrags, eine Beleidigung der Gesangskultur des 19. Jahrhunderts. Es ist ein großes Missverständnis gegenüber Mahler und Ausdruck von mangelndem Respekt vor seiner Phantasie. Es gibt nicht den Hauch einer Andeutung – nirgendwo: keine Notiz, keine Briefstelle, nichts –, dass Mahler jemals auf den Gedanken gekommen wäre, ein Lied mit verteilten Rollen aufzuführen. Auch dass so häufig von Mahlers »Lied-Zyklen« gesprochen wird, ärgert mich. Mahler hat nur einen einzigen Zyklus geschrieben, das sind die KINDERTOTEN-

LIEDER – als eine Art Requiem ist das auch einleuchtend. Weder DES KNABEN WUNDERHORN noch die RÜCKERT-LIEDER sind als in sich geschlossener Zyklus geplant oder geschrieben – das heißt, auch die Reihenfolge, in der man sie aufführt, kann frei gewählt werden. Man muss sich das vor Augen halten: Die zehn Gedichte von Friedrich Rückert sind völlig verstreut in seinem Werk. Wir können mit Sicherheit davon ausgehen, dass Mahler an die 600 Gedichte Rückerts durchgesehen hat. Mahler sagt beispielsweise in seinen Tempobezeichnungen und dynamischen Vorschriften fast immer, was gemacht werden *muss*, und meistens, was es auf keinen Fall werden *darf*.

Von welchen Interpreten profitieren Sie denn am meisten?

Wenn ich Mahler höre, dann kehre ich immer wieder zu den Aufnahmen von Bruno Walter, einem Schüler Mahlers, zurück, von Otto Klemperer – man vergisst so leicht, dass auch er Mahler noch persönlich kannte – oder von Hermann Scherchen, einer herausragenden, inzwischen fast völlig vergessenen Musikerpersönlichkeit. Die Aufnahmen aus den 1930er- und 1940er-Jahren sind für das heutige Mahler-Verständnis ungeheuer wichtig. Dass Leonard Bernstein Mahler in den 1960er-Jahren komplett wiederentdeckt hätte, ist zwar eine schöne Geschichte, aber natürlich nicht ganz zutreffend.

Geschichte ist eben nie so einfach, wie das hinterher zusammengefasst erscheint.

Viel wichtiger als der Rückblick ist für mich der Ausblick. Ich selbst habe einiges erleben dürfen und fühle immer noch Begeisterung oder Neugier wie in ganz jungen Jahren. Dieses Staunen will ich unbedingt weitergeben; ich will eine neue Generation anstiften, ihre eigene Neugier zu finden.

Sie selbst haben Neuland betreten, als Sie im Frühjahr 2014 erstmals Alban Bergs WOZZECK *verkörpert haben. Hat Ihnen die Auseinandersetzung mit Mahler geholfen, sich diesem Werk anzunähern?*

Wir »Mahler-Jünger« sagen immer: »WOZZECK ist die Oper, die Mahler nicht geschrieben hat.« Meine Beschäftigung mit Berg oder vielmehr mit meiner Rolle als Wozzeck begann damit, dass ich versucht habe, Alban Bergs künstlerische Entwicklung zu verstehen, sein Leben, seine Musiksprache. Ich habe bewusst auch andere Werke von ihm gehört. Manches kannte ich bereits, aber in jedem Fall bin ich tiefer in Bergs Welt eingestiegen. Beispielsweise zu seinen Liedern habe ich mittlerweile wirklich eine Liebe gefunden, ich höre sie sehr, sehr gern. Darüber hinaus habe ich mich für die Einflüsse interessiert, die auf ihn gewirkt haben, neben denen von Mahler also maßgeblich die seines Lehrmeisters Arnold Schönberg. Andererseits musste ich lernen, die Welt von Georg Büchner zu verstehen, der sein der Oper zugrunde liegendes Theaterstück WOYZECK gut 90 Jahre vor Berg geschrieben hatte. Die eigentliche Knochenarbeit aber war das Zusammensetzen des Textes mit seinem Rhythmus und seiner spezifischen harmonischen – oder in diesem Fall eben nichtharmonischen – Umgebung, so dass alles Gestalt werden konnte. Zum Glück spreche ich Deutsch, das hat die Arbeit ein bisschen leichter gemacht.

Was war Ihr allererstes Erlebnis mit Alban Berg, Ihr allererster Eindruck von seiner Musik?

Ich habe Berg, wie gesagt, aus der Ferne schon immer bewundert. Ich kann mich genau erinnern, wie ich 1980 in Los Angeles zum ersten Mal sein Violinkonzert hörte: Ich glaubte, auf einer Mondfahrt zu sein. Ich wusste gar nicht, wo ich hinhören sollte. Das hat mich gleichzeitig irritiert und fasziniert.

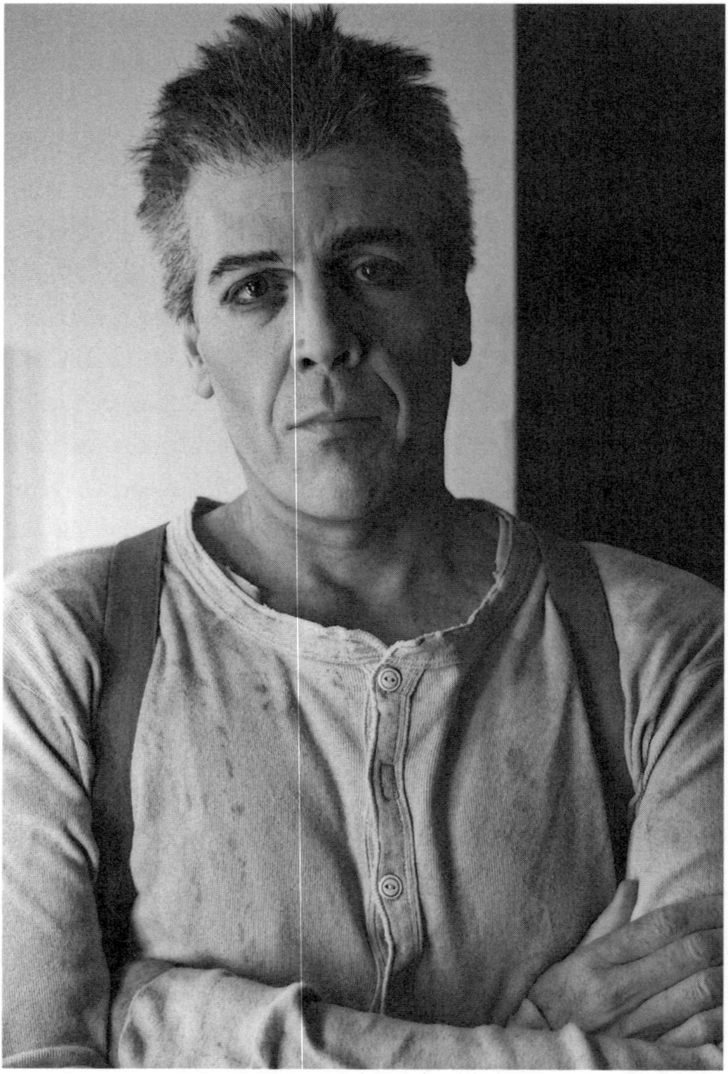

Wozzeck-Porträt, 2004

Hilflos steht dieser Wozzeck da, verloren zwischen hohen glatten Wänden: Robert Israel hat eine erstaunlich zeitlose Bühne gebaut für Mark Lamos' Inszenierung an der Met. Die stammt aus dem Jahr 1997, aber das Alter sieht man ihr nicht an. Denn sie lebt ganz aus der Präsenz ihrer Figuren. Und schnell wird deutlich: Wozzeck, dieser Gefangene der Umstände und seiner selbst, ist das einzig menschliche Wesen in einem Tollhaus. Der Hauptmann – ein gedankenloser Sadist. Der Doktor – ein exaltierter Freak. Das Volk in der Kneipe – besinnungslos im animalischen Rausch. Man kann es kaum übersehen: Dieser Wozzeck ist ein Fremder. Heimatlos. Entwurzelt. Die Typen um ihn herum sind von Mark Lamos als Knallchargen und Karikaturen dargestellt, denen alles Komische fremd ist. Durchgedrehte Typen, die einem das Blut in den Adern gefrieren lassen. Weil sie keine Dämonen sind, sondern Repräsentanten einer unmenschlichen Welt. Selbst bei Marie, der Lebensgefährtin, ist kaum Hoffnung zu haben: Sie legt eine ungeheuer ungemütliche Inbrunst an den Tag, sie ist keine liebende Mutter, eine Gouvernante höchstens. Wozzeck hat hier nichts zu suchen.

Wenn man nicht immer geradezu zwanghaft auf Bergs Atonalität verweisen würde, gut möglich, dass sie vielen Zuhörern gar nicht auffallen würde. So organisch entwickelt James Levine die Musik mit seinem Orchester, so dynamisch und lebendig gestaltet er ein Klangereignis, das einfach nur aus sich heraus wirkt. Etwas Ungeheures gelingt ihm nach Maries gewaltsamem Tod: Da schichtet er die Klänge zu imposanten Gebilden, da steigert er sie in eine kaum zu glaubende Intensität – das Maximum scheint erreicht in diesem großformatigen Opernhaus, da legt er noch eins drauf. Und noch eins. An diesem Abend, so wirkt es zumindest, überwindet James Levine die Grenzen der Physik. Und steigert Alban Bergs Wozzeck ins Unbegreifliche.

Wozzeck im richtigen Rhythmus zu sprechen – das klingt ziemlich einfach, ist aber eine gewaltige Herausforderung. Ich habe in meiner Karriere selten ein ähnlich komplexes Werk studiert. Alban Berg war besessen davon, seine Vorstellung minutiös und unmissverständlich zu notieren. Das gilt gerade für die Übergänge zwischen Gesungenem und Gesprochenem, dafür hat er viele Schattierungen erfunden. Es ist ein wunderbares Schauspielstück, in dem jeder Ton und jede Betonung präzise gesetzt sind. Alles hängt am Rhythmus. Wenn man die existierenden Aufnahmen miteinander vergleicht, fällt auf, wie unterschiedlich die Lesarten der einzelnen Dirigenten und Orchester sind. Da setzt jeder eigene Prioritäten. Die Vorbereitungen auf die Rolle des Wozzeck waren sehr anstrengend. Man muss unglaublich sorgfältig aufbauen. Phrase für Phrase, Seite für Seite, Szene für Szene. Bis einem die Zunge heraushängt und die Augen oder der Kopf schmerzen. Wie oft habe ich dann gesagt: »Ich bin müde, ich bin erledigt, ich kann nicht mehr.« Aber es bereitet mir ein immenses Vergnügen.

Für Außenstehende ist das alles wahrscheinlich nur schwer nachvollziehbar.

Alban Bergs Musik ist so unglaublich verdichtet, dass mir ein Block von drei Seiten wie ein Kapitel mit 25 Seiten vorkommt. Es ist die Geschwindigkeit, mit der er Ausdruck verändert, die einen in Atem hält.

Möglicherweise ist es auch kein allzu großes Vergnügen, sich derart mit der Gefühls- und Gedankenwelt eines Mörders abzuquälen.

Wozzeck ist kein Psychopath, sondern eine erniedrigte, unterdrückte Figur. Was mich interessiert hat, war die Frage: Wie bewusst ist es diesem Wozzeck, dass er unter solch fürchterlichen Bedingungen lebt? Er ist ja nicht dumm. Warum zitiert Wozzeck die Bibel? Warum zitiert er überhaupt Literatur? Das verrät uns schon einiges über den Charakter. Ist Wozzeck am Ende ein Künstler, gefangen in einem Leben, das jenes Künstlertum nie zulassen wird? Dieser Gedanke passt natürlich zu Georg Büchners Perspektive: Ohne Freiheit kann es keine Entwicklung des Individuums geben. Aus dem Grund habe ich immer wieder auf Büchners Originaltext zurückgegriffen. Wäre dieser geniale Georg Büchner nicht im Alter von nur 23 Jahren verstorben – er wäre wahrscheinlich ein direkter Nachfolger von Schiller geworden. Wir haben uns angewöhnt, Woyzeck ganz selbstverständlich mit der Zeit des Ersten Weltkrieges zu assoziieren. Dabei dürfen wir nicht vergessen, dass das Stück – oder vielmehr: Fragment – früh im 19. Jahrhundert geschrieben wurde. Büchner hat das Stück 1836 begonnen, kurz vor seinem Tod, und er hat es nicht vollendet.

Alban Berg also: ein Echo von Büchner, der wiederum ein Echo von Schiller war?

Wozzeck wird ständig erniedrigt. Dadurch werden seine Intelligenz und seine Fantasie nicht gänzlich erstickt, aber die Erniedrigung raubt ihm jede Hoffnung. Er resigniert. Er würde sich sogar damit abfinden, dass ihn seine Frau Marie betrügt. Erst der beißende Spott und das öffentliche Gerede legen bei ihm einen Schalter um: Da bricht seine Persönlichkeit. Er hat kein Netz, das ihn auffangen könnte, und deshalb beginnt er durchzudrehen. Sein Universum ist aus den Fugen, und Wozzeck glaubt, er muss das wieder in Ordnung bringen. Ich bin felsenfest davon überzeugt, dass sein Mord keine simple Eifersuchtstat ist, sondern ein ohnmächtiger und wahnsinniger Versuch, wieder Ordnung zu schaffen. Ich will diese Figur nicht verteidigen, aber es ist doch wichtig festzustellen: Das ist nicht Jack the Ripper. Es geht um eine existenzielle Ausweglosigkeit.

Mit Deborah Voigt als Marie in WOZZECK an der Metropolitan Opera, 2014

Wenn Sie so entschieden zurück auf Büchners Textvorlage gehen: Gerade diese Enge und Ausweglosigkeit, dieses Eingekeiltsein zwischen dem sadistischen Hauptmann und dem wahnsinnigen Doktor, ist bei Berg Musik geworden, die einem den Hals zuschnürt.

Ich knie nieder vor diesem Werk, und natürlich gefällt mir, dass Alban Berg Mahler verehrte. Mehr noch: Er verstand ihn in seinem tiefsten Inneren. Die Frage der Atonalität war für Berg eher nebensächlich. Er wollte eine andere Art der musikalischen Schönheit finden. Und das schließt Klänge der Hässlichkeit und Ausweglosigkeit zwangsläufig mit ein.

Ich sage salopp, mit WOZZECK haben Sie die Tür aufgestoßen zu einem neuen Kapitel Ihrer Karriere. Stimmt das?

Neues Repertoire ist immer eine schöne Herausforderung: 2014 fange ich mit den vier Bösewichtern in Offenbachs HOFFMANNS ERZÄHLUNGEN und 2015 mit Ernest Chaussons LE ROI ARTHUS in Paris an.

Und nebenbei stehen noch Uraufführungen an?

Es entstehen gerade einige Klavier- und Orchesterstücke für mich, die in naher Zukunft aufgeführt werden sollen. Das nächste große Opernauftragswerk ist 2016 an der Bayerischen Staatsoper.

»I Hear America Singing«

Botschafter des American Song

Wir sitzen im 31. Stock über Chicago, das heißt, Thomas Hampson balanciert auf der Couch und ist damit beschäftigt, den Vorhang im Wohnzimmer des gemieteten Apartments notdürftig zu reparieren. Der Spätsommer glüht warm, aus der Wohnung bietet sich ein atemberaubender Blick, tief unten schlägt die State Street eine lange Schneise durch die Stadt. Der Lärm der Straße dringt ungehindert herein, Martinshörner, Polizeisirenen: Kein abgerücktes Refugium ist das, sondern temporäre Einsatzzentrale in Gehweite zur Lyric Opera. In einer neuen Produktion von Richard Wagners PARSIFAL singt Thomas Hampson den siechen Gralskönig Amfortas.

Ist es schön, in Amerika zu sein und zu arbeiten?

Ich bin Amerikaner mit Leib und Seele. Alles, was ich im Leben erreicht habe, verdanke ich zunächst einmal meiner Herkunft. Mein Freiheitssinn oder mein Durchsetzungsvermögen sind Ergebnisse dieser durch und durch amerikanischen Umgebung und Denkweise. Gewiss habe ich über die Jahre hinweg eine globalere Perspektive gewonnen. Ich durfte vieles an Amerika genauer sehen und besser verstehen, weil ich von der anderen Seite auf das Land, seine Kultur und meine Herkunft blicken konnte. Sich durch die Augen anderer zu sehen ist bereichernd – wenn auch manchmal desillusionierend.

Inwiefern?

Man sieht die Fehler schneller und viel klarer. Momentan gibt es gesellschaftliche Entwicklungen, die ich für falsch und gefährlich halte. Allen voran im Bildungssystem. Wir haben in Amerika noch nie eine Zeit erlebt, in der so viel Wissen so leicht zugänglich war. Gleichzeitig wissen die meisten Menschen immer weniger. Das Ziel der Schulen ist offenbar nicht mehr, Kindern eine umfassende Bildung mit auf den Weg zu geben, sondern sie allein für einen Job vorzubereiten. Das kann es doch nicht sein! Besonders in Amerika habe ich den Eindruck, dass die Menschen ihr Leben in Kategorien einteilen. Da gibt es auf der einen Seite den Job, also die Zeit des Tages, die du mit Arbeit verbringst. Und dann ist da die Zeit, in der du nicht arbeitest. Und in diese Freizeit wird alles gepackt: ein Baseballspiel, ein Konzert, deine Briefmarkensammlung und und und. Und drittens gibt es natürlich noch Dinge, die man tun muss: Essen, Duschen, Schlafen … Alle drei Bereiche werden nach ihrem Nutzen beurteilt. Für mich ist das nicht »Leben«. Das ist wie im Ameisenhaufen …

Das beste Rezept dagegen ist der Blick über den Tellerrand. Wir bleiben wahrscheinlich Ameisen, aber wir ahnen zumindest, welche Welten sich links und rechts unseres engen Pfades auftun.

Deshalb liebe ich die Idee vom »(Menschen-)Recht auf Bildung« – davon, Wissen zu erwerben, das eigene Leben zu reflektieren und eine Weltanschauung zu formen. Man *muss* Vernunft und Respekt entwickeln können. Und dabei braucht man Unterstützung. Das ist für mich gelebte Demokratie und die fortschrittliche Interpretation des Konzepts »Individuum«. Weil Bildung und Kunst den Blick für größere Zusammenhänge öffnen, sind sie der Nährboden für eine echte Demokratie.

Amerika ist doch immer noch eine laute und lebendige Gesellschaft – also eigentlich eine ideale Voraussetzung für Individualität.

Der Gründungsgedanke von Amerika hat genau dieses gleichberechtigte und friedliche Nebeneinander von unterschiedlichen Weltanschauungen beinhaltet – Diversität als Fundament eines neuen, besseren Staates.

Die öffentliche Stimmung in diesen Tagen im Spätsommer 2013 ist angespannt: Der Streit um Barack Obamas Gesundheitsreform droht den gesamten öffentlichen Apparat stillzulegen. Die erbitterte Auseinandersetzung steuert schnurgerade auf das Horrorszenario eines Staatsbankrotts zu. Mich interessiert, wie Thomas Hampson zu politischen Fragen steht …

Andrea Herberstein und Thomas Hampson mit US-Präsident Bill Clinton und seiner Frau Hillary, Washington D.C., 1996

Was denken Sie über die aktuelle politische Situation in den USA?

Mich interessiert in der Politik vor allem die Frage: Was können wir heute tun, damit die Gesellschaft von morgen eine bessere ist. Das ist sozusagen eine politische Metaebene. Tagespolitische Entwicklungen zu verfolgen ist meist ernüchternd bis frustrierend. Für das Amerika von heute kann ich nur sagen: Eine lebendige Demokratie darf nicht zulassen, dass sie von einer einzelnen Gruppe unter vielen tyrannisiert wird. Das ist in jeder Hinsicht unverantwortlich. Amerika hätte sich aus dem Würgegriff fundamentalistischer Politik – egal, ob von rechts oder von links – schon längst befreien müssen. Warum gibt es in den USA beispielsweise keine liberale Partei, die sich als dritte Kraft und als Korrektiv gegenüber den bestehenden Großparteien, den Demokraten und Republikanern, etabliert?

Fundamentalismus ist im Wortsinn »exklusiv«, er schließt aus. In dieser Hinsicht sind die Künste demgegenüber ein bedrohlicher Gegenentwurf. Sie sind Nährböden, auf denen die wunderlichsten Dinge entstehen können – aber das Ergebnis ist nicht exakt steuerbar.

Das Beste, was einer Gesellschaft passieren kann, sind kühne Gedanken und mutige Entscheidungen. Ich bin überzeugt, dass sie einen positiven Einfluss haben, weil sie echte Fragen – ohne Erwartung auf eine bestimmte Antwort – aufwerfen. In der Politik wie in der Kunst braucht es Menschen mit Weitblick und Offenheit. Abgrenzung alleine ist weder ein politisches Programm noch eine inhaltliche Strategie.

Sie sprechen von »Abgrenzung« – für manche Leute sind Künstler wunderliche Menschen, die eben genau dies tun, indem sie sich einem völlig weltfremden Zeitvertreib hingeben. Mit dem täglichen Leben hat das aus Sicht dieser Leute nicht das Geringste zu tun …

Es ist meine tiefe Überzeugung, dass Kunst, in welcher Form auch immer, eine Auseinandersetzung mit den großen Fragen und Themen der Menschheit – also auch mit der Frage nach dem Sinn des Lebens – ist und bleibt. Kunst als seltsames Hobby oder wunderliches Entertainment abzutun zeugt für mich entweder von Ignoranz oder von Unwissenheit oder von beidem zusammen. Wir sollten die Künste als eine absolute Selbstverständlichkeit in unser Leben integrieren! Sonst bleibt, wie gesagt, alles in den Kategorien »Arbeit«, »Entertainment« oder »Befriedigung der Grundbedürfnisse« verhaftet.

Ich dachte immer, es sei eine europäische Seuche, »Entertainment« als minderwertig abzutun. Als Synonym für »Ablenkung«.

Der Begriff »Entertainment« erweckt schnell die Assoziation von humorvoll-leichter Unterhaltung. Demgegenüber steht oft die vermeintlich »hehre Kunst«. Allerdings hoffe ich, dass die schwer erträgliche Art pflichtschuldiger Kulturverrichtung bald endgültig einer vergangenen Epoche angehört. Der neue Weg heißt »Edutainment«: die Verschmelzung von »Education« und »Entertainment«. Wenn man überhaupt etwas erreichen will, gibt es zum Edutainment keine Alternative – außer, gar kein Publikum mehr zu haben. Zusammenhänge unterhaltsam aufzubereiten ist ja kein bisschen einfacher oder weniger anspruchsvoll. Es ist sogar viel spannender. Nehmen wir zum Beispiel einen Museumsbesuch: Wenn ich vor dem Gemälde eines Renaissance-Meisters stehe, staune ich vielleicht über Formen und Farben und darüber, wie modern das manchmal wirkt, beispielsweise ein Tintoretto und seine Art des Trompe-l'œil, diese geometrischen Zaubereien – unglaublich! Wenn ich die Ausstellung dann noch einmal besuche, diesmal mit einem Audioguide, dann muss ich mir eingestehen, dass ich mit meiner intuitiven

HEART OF A SOLDIER, San Francisco Opera, 2011

Macbeth, Metropolitan Opera, 2012

Macbeth, Lyric Opera of Chicago, 2010

Iago in Otello, Opernhaus Zürich, 2011

Als Iago mit José Cura in Otello, Metropolitan Opera, 2013

ago in Otello, Metropolitan Opera, 2013

Simon Boccanegra, Wiener Staatsoper, 2013

Simon Boccanegra, Lyric Opera of Chicago, 2012

Ernani, Opernhaus Zürich, 2011

Amfortas in PARSIFAL, Lyric Opera of Chicago, 2013

Schlussapplaus bei Parsifal, Bayerische Staatsoper, 2013

Amfortas in Parsifal, Opernhaus Zürich, 2011

TOSCA, Opernhaus Zürich, 2009

Rodrigo in DON CARLO, Salzburger Festspiele, 2013

Mit Jonas Kaufmann in Don Carlo, Salzburger Festpiele, 2013

Wozzeck, Metropolitan Opera, 2014

Mit Russell Thomas in Wozzeck, Metropolitan Opera, 2014

Mathis der Maler, Opernhaus Zürich, 2012

Familienfoto mit Max, Andrea, Meghan, Felicitas und Catherine, New York, 2009

Mit Andrea, 2001

Auf dem Golfplatz, 2012

Mit Lenny, 2006

Porträt, 2010

Begeisterung für das Kunstwerk nicht einmal 20 Prozent seines faszinierenden Hintergrundes erfassen konnte. Also werden wir uns auch für die »Rahmenprogramme« von Konzerten etwas einfallen lassen müssen. Einführende Gespräche oder Kurzvideos im Internet sind erst der Anfang.

Es hängt immer davon ab, wie viel ich sehe oder höre. Der Museumsbesuch ist ein schönes Beispiel dafür, dass es verschiedene Resonanzsaiten gibt, dass ich mich auf unterschiedlichen Pfaden dem Werk annähern kann. Für Musik, würde ich sagen, gilt ganz Ähnliches.

Natürlich stehen wir vor großen Herausforderungen. Wie bringt man jemandem das Hören bei? Oder wie schult man eine Wahrnehmung jenseits von »gefällt mir« oder »mag ich nicht«? Es gibt Musik, die auch für mich nicht leicht zugänglich ist. Aber ich weiß: Sie ist wichtig und sollte gehört werden. Und deshalb singe ich sie. Das gilt sogar für Opern. Viele glauben, die Rolle des Don Giovanni zu singen sei eine tolle Erfahrung. Welch ein Irrtum! Es ist eine tolle Erfahrung vielleicht fürs Publikum. Aber dieser Typ ist ohne Zweifel ein Widerling. Nach einer Vorstellung muss ich das erst einmal von mir abstreifen. Kurzum: Don Giovanni macht keinen Spaß. Ich mag ihn nicht. Aber er ist unendlich wichtig.

Was Sie leidenschaftlich gerne aufführen – und offenbar nicht nur, weil es gehört gehört –, ist amerikanisches Repertoire. Lieder amerikanischer Komponisten. Oder nehmen wir auch Ihren bewunderten Auftritt in Christopher Theofanidis' Oper HEART OF A SOLDIER.

Zeitgenössische Opern müssen verständlich sein – viel mehr noch, als dies beim regelmäßig aufgeführten Repertoire erforderlich ist. Sie müssen auch eine musikalische Sprache sprechen, die unmittel-

Heart of a Soldier an der San Francisco Opera, 2011

bar verstanden wird. HEART OF A SOLDIER war eine sehr gefährliche Unternehmung, vergleichbar vielleicht mit John Adams' NIXON IN CHINA. Ich bin zunächst zusammengezuckt, als ich von diesem Projekt erfuhr, einmal mehr vor dem Hintergrund, dass man mir die Rolle des Rick Rescorla angetragen hatte. Wie um alles in der Welt soll man aus der amerikanischen Nationalkatastrophe von Nine-Eleven eine Oper machen, habe ich mich gefragt. Andererseits: Genau so hat Verdi auch gearbeitet! Er hat aktuelle politische Konflikte auf der Opernbühne nacherzählt.

Eine solche Produktion kann doch niemals business as usual *sein.*

Weltpremieren sind immer eine spannende Arbeit. Wann hat man schon mal den Librettisten und Komponisten an Ort und Stelle, die den Produktionsprozess Tag für Tag begleiten? So ähnlich muss das auch mit Wagner, Verdi oder Mozart vor einer Uraufführung gewesen sein. Diese Möglichkeit des unmittelbaren Austauschs, der Veränderungen kurzerhand aus praktischen Erwägungen heraus, der beständigen kleinen Nachbesserungen, wenn man während der Proben merkt, dass zum Beispiel noch etwas Musik fehlt ... Ein solches Finetuning würde mir in der normalen Opernarbeit auch gut gefallen! Abgesehen davon hatten wir bei HEART OF A SOLDIER mit Francesca Zambello eine wundervolle Regisseurin. Sie setzte genau das um, was der von mir sehr geschätzte David Pountney schon immer gepredigt hat: »Erzähl die Geschichte.« Exakt das haben wir mit dem relativ komplizierten Projekt versucht. Wo ist die Geschichte? Und mit der Geschichte kommen wir auf die wundervolle Kunst, ein Libretto zu schreiben. Ein Libretto ist kein Schauspiel, sondern eben das, was Verdi meinte, wenn er forderte: »Ich brauche kein Gedicht, ich brauche Wörter, die geeignet sind, gleich mehrere Gedanken beim Zuhörer zu erwecken.«

Mit Christopher Theofanidis, dem Komponisten von
Heart of a Soldier, 2011

Wie kam es eigentlich, dass Sie zum »Botschafter des American Song« wurden?

> Diese Frage ist längst überfällig. Niemand ist so sehr mit dem amerikanischen Lied und seinen Komponisten verbunden wie Thomas Hampson. Viele Namen hat er einem breiten Publikum erst bekannt gemacht.

Ich habe schon immer auch amerikanische Lieder gesungen – davon gibt es in der Tat eine Menge. Und zwar von lauter bekannten Namen wie Samuel Barber, John Duke, John Alden Carpenter, Edward MacDowell … Anfangs war ich überwältigt davon, wie reich dieses amerikanische Musikschaffen tatsächlich war. Im Hintergrund aber lauerte stets die eine Frage, nämlich: Wer ist »unser Schubert«? »Unser

Mit Witwe Susan Rescorla (Mitte), Rick Rescorlas engstem Freund Dan Hill (links außen) und den Kollegen aus HEART OF A SOLDIER, *2011*

Brahms«? Stephen Foster beispielsweise ist in Amerika ein wirklich bekannter Komponist, von ihm stammen ausgesprochen schöne Lieder, darunter BEAUTIFUL DREAMER, I DREAM OF JEANNIE, CAMPTOWN RACES oder OH! SUSANNA. Außerordentlich populäre Lieder, die beinahe Volkslieder geworden sind oder als traditionelles Volksgut wahrgenommen werden. Also begann ich zu recherchieren: Gibt es überhaupt ein vertrauenswürdiges Nachschlagewerk? Das gab es tatsächlich, William W. Austin, ein renommierter Musikhistoriker von der Cornell University, hat es in den 1970er-Jahren geschrieben – SUSANNA, JEANIE, AND THE OLD FOLKS AT HOME. THE SONGS OF STEPHEN C. FOSTER FROM HIS TIME TO OURS. Die ersten drei Kapitel kreisen nur um Herder und Goethe, DES KNABEN WUNDERHORN und Thomas Moores IRISH MELODIES. Dass hier eine ganze

Reihe von Komponisten auf der Suche nach einem amerikanischen Nationalstil war, hat mich beschäftigt. Ebenso wie Herders Feststellung, dass Volksgut nicht das ist, was jemand fürs Volk produziert, sondern das, was aus dem Volk selbst herauskommt. Stephen Foster schwebte das amerikanische Äquivalent zu den IRISH MELODIES vor. Er war der erste bedeutende weiße Komponist, der überhaupt versuchte, die African Americans ernsthaft zu porträtieren.

Ist Stephen Foster also der »amerikanische Schubert«?

Ich musste einsehen, dass es völlig sinnlos ist, den einen »amerikanischen Schubert« zu suchen. Das liegt an der Vielgestaltigkeit des Landes. Wenn man von Amerika spricht, dann muss man von einer Vielzahl von Kulturen sprechen und nicht von einer Einheit. Und wenn man die Kulturgeschichte Amerikas verstehen möchte, muss man in Zehn- oder Fünfzehnjahresabständen in das kulturelle Schaffen hineinblicken und sich anschauen, was die Künstler in diesen Zeiträumen versucht haben auszudrücken. Es war schnell offensichtlich, dass jeder Komponist eine gewisse Blütezeit erlebt hatte, während der seine Kunst der exakt passende Kommentar zum Zeitgefühl war. Diese These habe ich seit den 1990er-Jahren verfolgt – bis alles endlich in eine Radiosendung mündete, 13 einstündige Folgen SONG OF AMERICA. Der Untertitel besagt eigentlich schon alles: »Die Geschichte der amerikanischen Kultur mit den Augen der Dichter sehen und mit den Ohren der Komponisten hören«.

Es ist eine Vielgestaltigkeit, bei der ich gar nicht erst den Versuch unternehmen muss, alles auf einen gemeinsamen Nenner zu bringen.

Kalifornien und New York sind wie zwei unterschiedliche Nationen. Allein die wechselnden Landschaften besitzen eine enorme Erzählkraft. Das kann man auch bei den Dichtern herauslesen. Mittlerweile versuche ich, meine These auf Europa zu übertragen: Ist es möglich, die Welt nach dem Wiener Kongress durch die Wahrnehmung von Dichtern und Komponisten zu verstehen? Man kommt dabei zu erstaunlichen Erkenntnissen. Vor Heinrich Heine etwa gab es kaum ein deutsches Gedicht mit einem lyrischen Ich. Heine war einer der Ersten, der im Gedicht gesagt hat: »Ich fühle, ich möchte ...«

Nur ein einziges Wort. Aber plötzlich ist eine ganz neue Perspektive verfügbar.

Mich hat erstaunt, wie viele Amerikaner im 19. Jahrhundert Deutsch studierten und auch sprachen. Charles Ives, Charles Griffes und Edward MacDowell sprachen fließend Deutsch. Sie haben auch deutsche Dichter vertont. Es gibt eine Handvoll Lieder von Griffes, auf die Hugo Wolf ziemlich stolz gewesen wäre. Das zeigt eindeutig: Wir leben nicht in Isolation. Alles hängt letzten Endes irgendwie zusammen.

Der schönste Aspekt dabei ist doch, dass die Künste offenbar eine Relevanz besitzen. Sie schweben nicht im luftleeren Raum. Sondern sie beweisen sich als eine Form der Geschichtsschreibung, als ein Seismograph für Strömungen.

2001 haben wir dieses Konzept für eine Konzertreihe bei den Salzburger Festspielen umgekehrt: I HEAR AMERICA SINGING. Das waren nur amerikanische Texte, Dichter, Denker. Dafür zum allergrößten Teil Musik von europäischen Komponisten wie Kurt Weill, Paul Hindemith, Alexander Zemlinsky, Hans Werner Henze oder Ruth Schönthal. Der Titel des Programms ist übrigens einem Walt-Whitman-Gedicht entnommen, der darin die Vielfalt des amerikanischen

Volkes und das gleichberechtigte Nebeneinander der einzelnen Individuen besingt.

Amerika als Sehnsuchtsort: Das war noch ein Versprechen einer gedanklichen Freiheit, während heute manchmal den USA die Kulturfähigkeit pauschal abgesprochen wird ... Gibt es ein spezielles amerikanisches Sentiment, das man anderswo so nicht findet?

Gibt es »typisch amerikanisch« im Sinne eines Motivs, das immer wieder auftaucht? Nein, dafür ist das Schaffen zu unterschiedlich. Die akademische Gesellschaft um Boston herum lehnte Walt Whitman beispielsweise geradezu ab. Im Südwesten wiederum dominieren das Cowboyleben und die spanischen und mexikanischen Einflüsse das Volksliedschaffen. Ich fand beim Blick auf Amerika immer die Frage faszinierend, wie ein solches Land mit diesen Ausdehnun-

Song of America-Recital mit Craig Rutenberg in Detroit, 2006

gen und dieser Vielfalt an Kulturen und Strömungen überhaupt zusammengehalten werden kann, wie man hier ein gemeinsames Bewusstsein schmieden soll. Ich denke, das führt zwangsläufig zu Formen von Patriotismus, die auf einen Außenstehenden ziemlich gewöhnungsbedürftig wirken. Was in meinen Augen wirklich zu bewundern ist, und das spiegelt sich auch in der Literatur wider, sind die Bodenständigkeit und Selbstverantwortung der Amerikaner. Letztere ist durchaus eine Tugend, die derzeit als Argument in der politischen Misere dient: Selbstverantwortung bedeutet das Recht, ein Individuum zu sein. Aber wie bildet man eine Gemeinschaft aus lauter Individuen? Das ist eine grundsätzliche Frage Amerikas, das ist unser Experiment tagein tagaus. Dieses Konzept, dass es zunächst einmal egal ist, woher ich stamme, dass ich aber trotzdem alles erreichen kann, das ist einem Europäer eher fremd. Aber es ermöglicht einiges, und auch ich habe davon profitiert.

Was war der Auslöser, dass Sie 2003 die »Hampsong Foundation« gegründet haben, Ihre Stiftung?

Über das Salzburger Projekt I HEAR AMERICA SINGING wurde uns vor Augen geführt, wie man anhand einer These Kulturgeschichte, Kunstgeschichte, Zeitgeschichte, Soziologie erzählen kann. Da wussten wir: Auf diesem Weg gehen wir weiter. Ich hatte außerdem schon in den Jahren davor unterschiedlichste Projekte realisiert, hatte mich über die reine Vorbereitung von Liederabenden hinaus intensiv mit Robert Schumann, Carl Loewe oder mit Schuberts WINTERREISE beschäftigt. Und dann war da natürlich mein großes Abenteuer mit Gustav Mahler: die Mitarbeit an der kritischen Ausgabe und Neuauflage der Universal Edition von DES KNABEN WUNDERHORN. Parallel dazu war ich einer der ersten Klassik-Künstler, der eine eigene Website hatte. Gleich zu Beginn dieser digitalen Revolution war ich mit Begeisterung dabei. Letztlich sollte die Website natürlich ein Werkzeug sein, um Druckkosten zu sparen und meine Biografie sowie Fotos für Veranstalter online bereitzustellen. Aber ich habe ziemlich schnell verstanden, dass ich da eine tolle Plattform hatte, meine Entdeckungen mit anderen zu teilen.

Das war der Startschuss?

Ja, aber ich wollte das gleich professionell angehen: Mit einer Firma in Boston habe ich eine recht aufwendige Website gelauncht und sie »Hampsong« genannt – ein Wortspiel mit meinem Namen. Mir wurde nach und nach bewusst, dass ich das alles besser machen, ein größeres Publikum finden und damit wiederum die Projekte größer aufziehen konnte. Mein Gedanke war: Menschen zögern, Einzelpersonen finanziell zu unterstützen, aber sie engagieren sich vielleicht für eine gemeinnützige Stiftung, die sich zum Ziel setzt, alle Facetten des Gesangs und vor allem des Liedfachs zu fördern. Je mehr Leute wir begeistern können für dieses gemeinsame Ziel, die Kunstgattung Lied zu fördern, desto mehr können wir erreichen. Jetzt, wo Kulturprogramme gekürzt werden und die Künste in der Ausbildung von jungen Menschen kaum mehr vorkommen, sehen wir für »Hampsong« eine große Aufgabe und Herausforderung: digitale Bildungsangebote zu schaffen und kostenlos bereitzustellen. Es ist zunächst ein Angebot für höhere Schulen und Lehrkräfte, die Musik zurück in den Unterricht bringen möchten. Diese Idee ist sehr freundlich aufgenommen worden, und seitdem habe ich alle meine Projekte in die Stiftung eingebracht. Das war noch vor Facebook oder Myspace, aber seitdem knüpfen wir ein immer größeres soziales Netzwerk. Mittlerweile ist das ein Gemeinschaftswerk von Menschen aus allen möglichen Ländern. So muss ich nicht mehr alles selbst finanzieren. Das ginge auch gar nicht mehr. Wir bekommen 50 Dollar von hier,

100 Dollar von dort, und dazu gibt es mittlerweile auch sehr großzügige Sponsoren.

Ich finde den Untertitel auf der Website sehr erfrischend: »From page to stage« – *man kann das gar nicht recht übersetzen.*

Das ist mehr als nur ein Wortspiel. Das ist mein künstlerisches Credo auf einen Nenner gebracht: vom Text – dem geschriebenen Wort und der Musik – auf die Bühne, hörbar gemacht im Hier und Jetzt. Im Zentrum steht der Liedgesang. Der künstlerische Beirat der Stiftung umfasst mehr als ein Dutzend Künstler, die sich auf diesem Gebiet äußerst verdient gemacht haben: Ian Bostridge, Joyce DiDonato, Brigitte Fassbaender, Renée Fleming, Christian Gerhaher, Susan Graham, Marilyn Horne, Thomas Quasthoff … Es ist wirklich ein Who's who der Liedsänger.

Mit den Kolleginnen Susan Graham (l.) und Marilyn Horne (r.)

Das Angebot zu gestalten ist das Eine, dieses Angebot in den Markt zu tragen aber noch einmal etwas ganz anderes …

Die tollste Website hilft natürlich gar nichts, solange es uns nicht gelingt, Interesse zu wecken. Daran arbeiten wir. Wir wissen auch nicht, wie das Klassenzimmer in fünf Jahren aussehen wird. Aber wir haben es jetzt schon mit mindestens einer Generation zu tun, die eine Welt ohne Facebook und Social Media gar nicht mehr kennt. Ich bin der festen Überzeugung, dass die Art der Wissensvermittlung nicht zu weit von der Lebenswirklichkeit dieser Heranwachsenden entfernt sein darf. Ich bin bereit, mich mit in dieses Abenteuer zu stürzen und mitzudenken, wie das aussehen könnte. Mit der Stiftung versuchen wir, ein Vakuum zu füllen, das über die letzten Jahrzehnte erst allmählich entstanden ist. Musikunterricht in der Schule? Da ist Deutschland noch eine paradiesische Insel, in vielen anderen Ländern gibt es das überhaupt nicht mehr. Unsere Gespräche mit den Institutionen liefen immer ähnlich ab: »Leisten können wir es uns nicht, aber wenn wir solches Material zur Verfügung gestellt bekommen, verwenden wir es auch im Unterricht.«

Kommen wir zu Ihrem Multimediaprojekt Song of America, *das Sie 2005 gemeinsam mit der Library of Congress ins Leben gerufen haben und das bis heute höchst aktiv ist:* www.songofamerica.net: … *Ein solches Mammutprojekt stemmt man doch nicht alleine …*

Oh, nein. Wir haben inzwischen für jedes Projekt ein sehr gutes Team. An einem Radioprojekt arbeiten beispielsweise etwa neun verschiedene Autoren. Jeder mit einem eigenen Schwerpunkt in dieser Geschichte. Ich selbst schreibe nicht sehr viel, sondern editiere lieber. Meine Rolle ist, wenn man so will, die eines Executive Producers. Bei großen Projekten kommt es mir entschieden darauf an, mit wem ich arbeite. Ich liebe Teamwork mit Menschen, die vieles besser können, als ich das je hinbekommen würde. So lerne ich selbst am meisten. Song of America werde ich mit meinem Team fortsetzen. Unser nächstes Projekt trägt den Titel Mirror of the World. Dafür habe ich verschiedene Wissenschaftler angefragt, von denen ich glaube, dass sie ähnlich wie ich kulturgeschichtlich denken.

Das Projektmanagement geschieht dann via Skype, oder wie muss ich mir das vorstellen?

Unsere Werkzeuge heißen tatsächlich Google+, Skype, Dropbox und so weiter. Wir sind komplett digital, bis hin zur Aufnahme. Die einzelnen Folgen von Song of America habe ich in Wien, New York, San Francisco, Zürich und Chicago aufgenommen. Ich nehme in einem Studio auf, meine Produzenten sind via Skype dabei. Nach den Sessions werden die Audiodateien auf einen Server hochgeladen und in Chicago bearbeitet. Wo auf der Welt ich gerade bin, spielt keine Rolle. Ich muss nur die Zeit für die Aufnahme finden. Ein Studio kann man überall mieten.

Super! Aber es braucht im Team lauter Menschen, die mit diesem Produktionsprozess klarkommen.

Meine Teammitglieder sind meine Regisseure, wenn ich den Text lese. Sie sind meine ersten Hörer und haken ein, wenn sie noch einen Take benötigen. Jede Folge fordert mich für etwa drei konzentrierte Stunden, aber bevor wir überhaupt ins Studio kommen, haben wir uns mindestens zweimal zur Konferenz verabredet. Es ist wirklich ein sehr lebendiger Austausch.

Sie arbeiten ja immer wieder auch mit zeitgenössischen Komponisten zusammen. 2013 haben Sie und das Jupiter String Quartet ein längeres Gedicht des amerikanischen Lyrikers Billy Collins mit dem Titel ARISTOTLE *vertonen lassen. Der Komponist, einer von Amerikas führenden Tonsetzern, ist Mark Adamo, der unter anderem bereits für die San Francisco und die New York City Opera Auftragsarbeiten erledigt hat. Wie sieht für Sie die Annäherung an ein noch unfertiges Werk aus? Wie gehen Sie da vor?*

Am Anfang steht der Text. Diesen lese ich. So beginne ich das Sujet zu verstehen und werde neugierig, wie es im Endeffekt klingen könnte. Meistens bekomme ich dann – wir leben ja in modernen Zeiten – ein PDF mit scheußlichen MIDI-Noten. Aber egal, das hilft mir, wenn meine bescheidenen pianistischen Fähigkeiten nicht ausreichen. Bei dem konkreten Werk von Mark Adamo hatte ich wenige Tage für die Vorbereitung.

Nur Tage – keine Wochen fürs Lernen? Ich hatte ja auch schon ein paar Begegnungen mit Ihrem Terminkalender … »Wenige Tage« scheint mir relativ kurz.

Zugegeben: Es wurden recht intensive Tage. Das Ganze hängt immer vom konkreten Stück ab und meinen aktuellen Verpflichtungen. Hier hatte ich es mit einer zugänglichen Musiksprache zu tun; etwas komplex, aber unmittelbar verständlich. Aber den zugrunde liegenden Text von Billy Collins, einem tollen Dichter, habe ich erst richtig verstanden, als er fertig vertont war. Weil Mark Adamo sowohl das Geschehen als auch die verschiedenen Schichten des Gedichts in eine musikalische Sprache und Architektur gebracht hat.

Also ein Beispiel dafür, dass die vollständige Vertonung mehr erzählt als der Text allein.

Das ist nicht anders als bei Franz Schubert oder Gustav Mahler. Das erklärt auch jenes Phänomen, dass erstklassige Komponisten immer wieder Texte von scheinbar zweitrangigen Dichtern vertonen. Das perfekte Gedicht ist eben nicht die ideale Voraussetzung für das perfekte Lied. Es geht vielmehr um eine gemeinsame Aussage. Manche Menschen glauben, dass ein Gedicht immer noch ein Gedicht bleibt, auch nachdem man es in das Öl der Musiksprache getunkt hat. Das ist für mich ein großer Irrtum! Ein Lied ist ein Lied. Eine Sonderkunstform. Beinahe ein Selbstgespräch, das ich als Sänger nur hörbar mache.

Das Telefon läutet. Hampson sagt etwas in sein iPhone. Legt wieder auf.

Das war die Lyric Opera. Wegen Parsifal. Sie rufen am Vorstellungstag immer an und wollen wissen, ob man noch am Leben ist. Ich muss um halb sechs am Opernhaus sein, mein erster Amfortas-Auftritt ist 20 Minuten nach Vorstellungsbeginn. Mein Kostüm ist nicht sehr aufwendig, aber mein Make-up ist es. Es ist ein langer Abend … Dieser Wagner, dieser Deutsche – einfach wahnsinnig schöne Musik!

Als Amfortas in Chicago, 2013

»Meine Leidenschaft fürs Unterrichten ist nahezu grenzenlos«

Die Lust am Weitergeben: Erfahrungen mit Körper und Stimme

»Ich möchte Ihnen etwas zeigen«, eröffnet Thomas Hampson das Gespräch. Seine Augen blitzen. Er rollt einen schwarzen Kasten ins Zimmer: schweres Gerät. Er lässt den Verschluss aufschnappen, und zum Vorschein kommt ein veritables mobiles Videostudio. »Egal, wo ich gerade bin«, sagt Hampson, »damit kann ich Masterclasses aufnehmen und direkt bearbeiten. Ich brauche nur eine leistungsfähige Internetverbindung, um alles zu streamen.«

Kann man Gesang wirklich übers Internet lernen?

Oh, nein! Es braucht den persönlichen Kontakt. Funktionieren Online-Checkups, als Ergänzung einer persönlichen Betreuung, für Besprechungen und Repertoireentscheidungen prinzipiell? Auf jeden Fall! Mir persönlich fehlt allerdings die Zeit, um privat zu unterrichten. Dabei lehre ich wirklich gerne, und ich freue mich immer, wenn ich zu Workshops eingeladen werde. Bei den Salzburger Festspielen war ich einen Tag beim »Young Singers Project«: Das war eine wunderbare Erfahrung.

Neben Ihrer Meisterklasse in Salzburg und im Rahmen weiterer Festivals unterrichten Sie an der Manhattan School of Music und an der

Meisterklasse in Salzburg mit Anat Edri, 2012

Heidelberger LiedAkademie. Geht das überhaupt, jungen Kollegen etwas beizubringen, wenn man nur für einen Tag einfliegt?

Das geht sogar ziemlich gut. Ich erlebe es meist als ein Knistern, das in der Luft liegt. Allein die Anspannung der Studierenden beim Vorsingen finde ich großartig, denn in diesen Momenten merkt man ganz deutlich, dass es für beide Seiten um etwas geht. Das ist eine gute Vorbereitung auf den Beruf, da es bei jeder Vorstellung um etwas geht.

Welche Arbeitsbedingungen wünschen Sie sich für solche Workshops?

In der Regel plane ich für jeden Teilnehmer eine halbe Stunde Zeit ein. Weniger macht keinen Sinn. Vorbereitet sollten zwei möglichst kontrastreiche Stücke sein, die ich nicht immer bis zur Gänze hören muss. Aber ich brauche unterschiedliches Material, mit dem ich arbeiten kann. Auf diese Weise kann man in vergleichsweise kurzer Zeit Erstaunliches erreichen. Vorausgesetzt natürlich, die Studierenden sind bereit, Gelerntes zu überdenken und Neues anzunehmen. Ich bemühe mich aktiv, den Studierenden Werkzeuge an die Hand zu geben. Seinen Garten muss dann allerdings jeder selbst beackern und bepflanzen.

Obstgarten oder eher Gemüsebeet?

Textarbeit, Gesangstechnik, Komposition, künstlerischer Vortrag – alle diese Aspekte gehören untrennbar zusammen. Ich verwende hier immer das Bild von einem »holografischen Dreieck«. Die eine Spitze ist die geradezu spirituelle Frage nach dem Wesen des Kunstwerks: um was es geht und warum es uns berührt. Die zweite Spitze ist eine emotionale Komponente, hier kommt der Kontext ins Spiel: In welcher Sprache wird erzählt, in welcher Epoche des Denkens befinden wir uns? Und die dritte Spitze im Dreieck ist der rein physische Aspekt des Singens.

Mit Daumen und Zeigefinger bildet Thomas Hampson ein Dreieck. Man kann sich lebhaft vorstellen, wie seine Studierenden stumm und vielleicht ein bisschen ratlos dazu nicken: Wo anfangen? Ich muss die Frage nach den Prioritäten gar nicht stellen. Hampsons Daumen stoßen fest gegeneinander.

Diese Eckpunkte sind die Basis für alles andere. Das Ausmaß der Körperbeherrschung bestimmt die Fähigkeit, ganz präzise Geräusche zu produzieren. Als Pädagoge bin ich überzeugt: Ohne anatomische Grundkenntnis geht es nicht!

Während Hampson redet, lässt er die Finger zum Dreieck gespannt, er schaukelt es jetzt hin und her.

Alle Seiten sind miteinander untrennbar verbunden. Das heißt: Solange ich als Sänger nicht aufrecht stehen kann, ist es relativ egal, wie sehr ich das Werk spirituell durchdringe. Wenn ich nichts über die Gedankenwelt des Dichters weiß, bleibt es relativ nebensächlich, wie akkurat ich mich hinstelle. Wenn ich nicht bereit bin, mich in fremde Gedankenwelten hineinzuvertiefen, hat alles andere keinen Wert. Für diese ständigen Wechselbeziehungen müssen wir Sänger einen sechsten Sinn entwickeln und kontrollieren.

Ich versuche mir vorzustellen: Gleich bin ich dran und habe meine halbe Unterrichtsstunde bei Thomas Hampson. Ich bin zwar gut vorbereitet, aber aufgeregt wie ein Schulanfänger. Was erwartet mich?

Brigitte Fassbaender hat es wunderbar auf den Punkt gebracht: »Ich bin pingelig. Ich bin stur. Aber ich bin sehr wohlwollend.« Gerade als erfahrener Sänger habe ich zum Beispiel jedes Verständnis für Nervosität. Gleichzeitig muss man rigoros an vorhandenen Schwächen arbeiten. Was ich erwarte, ist ein unbedingter Wille zum Ausdruck. Ich liebe das Wort des großartigen französischen Baritons und Gesangslehrers Gérard Souzay: »Interpretation ist normalerweise etwas für Menschen, die es nicht auf Anhieb verstehen.« Genau diese Unmittelbarkeit muss unser Ziel sein. Sobald ein Künstler zu interpretieren beginnt, wird es schnell künstlich und manieriert. Man kann sich davor nur schützen, wenn man sich eine beinahe naive Begeisterung bewahrt. Nämlich die Begeisterung dafür, singen zu dürfen. Ich glaube, dieser Antrieb wird von Nichtsängern oft missverstanden. Es geht nicht darum, sich zu produzieren und bewundert zu werden. Als Sänger stehen wir im Dienst einer höheren Sache. Immer! Dafür Beifall zu bekommen ist natürlich wunderbar. Das soll man auch dankbar genießen. Ein Streben nach reiner Bewunderung halte ich indessen für ungesund.

Aber das Konzertleben wird zweifelsohne dominiert von dieser Bewunderung gerade gegenüber den Stars.

Dieses Phänomen existiert nicht nur in der klassischen Musik. Für Profisportler wie für Dirigenten gibt es Rankings oder Top-Ten-Listen und immer die Frage, wer ist gerade der oder die Beste. Diese Art Wettbewerb und das bedingungslose Streben nach Bekanntheit sind nicht ganz ungefährlich. Applaus ist wichtig, aber die Begeisterung des Publikums, die selbstverständlich schön ist, darf nicht mit einer künstlerischen Wahrheit gleichgestellt werden oder zur Kategorie für die Ausrichtung der künstlerischen Arbeit werden.

Wie selbstreflektiert muss ein Sängerkünstler sein, um sich eben nicht der Zustimmung des Publikums oder – vielleicht gefährlicher noch – seiner Kollegen auszuliefern?

Ein aufrichtiger Künstler sollte meiner Meinung nach mit sich selbst sehr unnachgiebig sein. Ursprung allen Musizierens muss Demut sein. Denn: Ich habe diese Musik nicht erdacht, ich habe sie nicht aufgeschrieben. Ich muss also einen Weg finden, die Musik zunächst in mir selbst erklingen zu lassen. Dieser Vorgang ist etwas sehr Privates, dem man sich mit großer Kenntnis und großer Ehrlichkeit stellen muss. Die Auseinandersetzung dauert ein Leben lang, denn Erfahrung ändert die Perspektive – laufend. Das gilt selbstverständlich auch für mich, und natürlich bin ich heute eine andere Person als noch vor zehn Jahren. Die Zusammenarbeit mit Kollegen ist und bleibt Teamarbeit. Natürlich gibt es da immer ein gegenseitiges »Toi, toi, toi« und »Bravo!«, denn jeder gibt sein Bestes. Ich schätze mich sehr glücklich, mit so vielen tollen Kollegen gearbeitet zu haben und weiterhin arbeiten zu dürfen. Dabei geht es allerdings nicht um gegenseitige Zustimmung oder nicht. Eines sage ich meinen jungen

Kollegen in Meisterklassen klar und deutlich: »Wenn du auf die Bühne gehst mit einem Hunger nach Zustimmung, bist du bereits so nervös, dass es nicht gut werden kann.« Vielmehr müssen wir akzeptieren, dass wir nur ein Teil des Ganzen sind. Da passiert etwas, das sich außerhalb unserer Körper vollzieht. Das ist der eigentliche Zauber. Wenn das hörbar und erlebbar wird, dann stimmt es.

Kann man so etwas lernen?

Den Willen zum gemeinsamen Ziel muss man mitbringen. Den kann man nicht lernen. Aber Strategien und Wege dorthin sind eine Frage des Trainings.

Wie viele Sekunden dauert es bei einer Meisterklasse, bis Thomas Hampson weiß, welche Art Sänger vor ihm steht?

> Thomas Hampson hebt die Augenbrauen. Man kann ihm dabei zusehen, wie er sich die Situation bildhaft vorstellt. Er lehnt sich zurück ins Sofa und lächelt.

Das ist eine sehr gute Frage. Es ist ein spannender Vorgang. Früher habe ich oft Elisabeth Schwarzkopfs Methode benutzt, das heißt, den Vortragenden schon bald unterbrochen, um gezielt an einer Phrase zu arbeiten. Mittlerweile lasse ich meist mehr oder alles singen, auch wenn mir nach zwei Phrasen klar ist, wo die Schwachstellen liegen. Trotzdem lasse ich es laufen: Diese Erfahrung ist für jeden jungen Künstler sehr wichtig. Man sollte sich überhaupt hüten, nach ein paar Sekunden bereits ein abschließendes Urteil zu fällen. Das wäre ungerecht, denn dafür ist der Gesangsvorgang zu komplex. Nur wenn jemand zum Beispiel eine fürchterliche Körperhaltung einnimmt, auf den Zehenspitzen steht oder ständig die Schultern hochzieht, dann stoppe ich gleich: So fängt man nicht an.

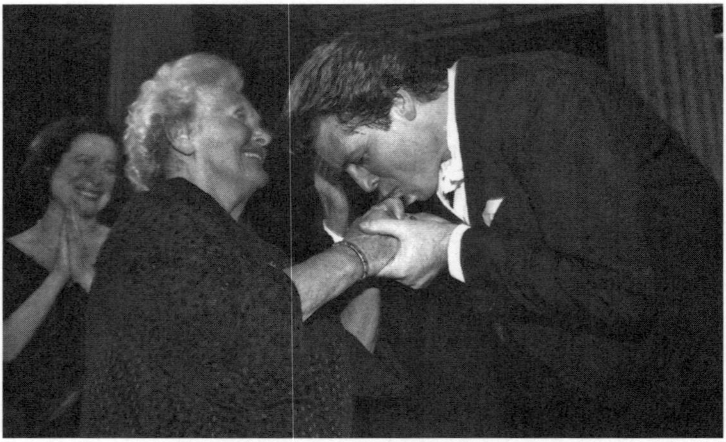

Mit der Sopranistin und Gesangslehrerin Elisabeth Schwarzkopf, 1999

Wie kann das sein, dass jemand in eine Meisterklasse kommt und krumm steht? Verrät das nicht viel über den Unterrichtsalltag an Musikhochschulen?

Ich kann ja nur beurteilen, ob er in dieser Situation krumm steht – ob er es immer tut, weiß ich nicht. Aber es gibt schon erstaunliche Erfahrungen: Einmal fragte ich in die Runde, wie viele Tasten ein Klavier hat. Alle haben aufgezeigt. Dann wollte ich wissen, wie viele Rippen der menschliche Körper hat. Niemand hat sich gemeldet! Und das waren fast fertig ausgebildete Sänger, keine Anfänger. Sie wussten die Antwort einfach nicht. Aber warum habe ich diese Frage überhaupt gestellt? Weil die Wirbelsäule über die Rippen die Kommandozentrale für die Elastizität in der Steuerung der Luftkompression in der Lunge ist. Wenn ich eine Klasse kontinuierlich betreuen würde, dann gäbe es in meinem Unterrichtsraum selbstverständlich ein menschliches Skelett. Und auch anatomische Modelle von Querschnitten durchs Gesicht – daran erkennt man nämlich, wie viel Muskulatur bei welchen Bewegungen im Kieferbereich zusammenspielen muss. Die menschliche Anatomie als zentraler Aspekt in der Ausbildung sollte auf keinen Fall vernachlässigt werden. Man wird nicht automatisch ein besserer Sänger, wenn man medizinische Basiskenntnisse erwirbt, aber unser Körper ist unser grundlegendes Werkzeug, das wir verstehen müssen, wenn wir damit arbeiten wollen.

Welche Rolle spielen die Füße für den Gesang? Ist es richtig, seine Energie auf die Fußballen zu verlagern?

Hampsons flache Hand saust donnernd auf die Tischplatte.

Nein, ist es nicht! Man muss die ganze Sohle so flach wie möglich auf den Boden setzen, damit die Oberschenkelmuskulatur direkt gestützt wird. Wenn ich zu weit nach vorne kippe, heben die Fersen vom Boden ab, und alles ist verloren. Denn in diesem Moment ist die Hüfte nicht mehr stabil, und die Schultern fallen zwangsläufig nach vorne. Natürlich kann man mit dem unbedingten Willen zum Ausdruck einen gewissen, durchaus auch schönen Klang erzeugen – selbst wenn man sich zu einer Brezel verbiegt. Allerdings ist die entscheidende Frage: Wie könnte das erst klingen, wenn der Körper optimal eingesetzt würde? Ich kenne keinen Kollegen, der nicht nach der Beschäftigung mit Yoga oder Pilates erstaunt festgestellt hat: Wenn ich das alles nur schon früher gewusst hätte, dann …

Sie selbst haben ja bereits früh mit dem körperlichen Training begonnen.

Ich hatte großes Glück. Während meines Studiums der Politikwissenschaft am College belegte ich nebenbei noch Musik und Literatur. Theater interessierte mich auch, aber ich wusste gar nichts darüber und dachte, wir würden vor allem Stücke und theoretische Texte lesen. Entgegen meinen Erwartungen beschäftigten wir uns die ersten sechs Wochen ausschließlich mit Yoga. Es ging einzig und allein um den Erwerb eines bestimmten Körperbewusstseins, damit der Körper überhaupt etwas zum Ausdruck bringen kann. Auch ein Schauspieler muss sein Werkzeug »Körper« kennen und beherrschen. Das habe ich, mit Erstaunen, sehr früh als Herausforderung begriffen, und seitdem sind während meiner gesamten Laufbahn Yoga und – in den letzten Jahren zunehmend – Pilates Grundbausteine meiner Körperarbeit. Das gehört ganz selbstverständlich zur täglichen Routine. Auch mein Rücken ist nicht immer nur nett zu mir, außerdem habe ich sehr lange Beine, was leicht zu Verspannungen im Hüftbereich führt. Also muss die Bauchmuskulatur immer wieder gestärkt werden. Es spielt eben alles zusammen. Mit einem gezielten Training verläuft der Tag auf jeden Fall besser als ohne.

Ich bin noch immer der aufgeregte junge Sänger mit den roten Ohren in der Meisterklasse. Das erste Stück habe ich, mehr schlecht als recht, gemeistert. Was macht Thomas Hampson jetzt mit mir?

Im schönsten Falsett kommt die Antwort aus der ZAUBERFLÖTE: »O zittre nicht!« Thomas Hampson wäre eine tolle Königin der Nacht …

Nun im Ernst: Ich freue mich, wenn Menschen sagen, ich sei zwar streng und würde nicht lang um den heißen Brei herumreden, wäre dafür aber immer hilfreich. Ich habe doch kein Interesse daran, jemanden schlecht zu machen oder verbal zu verletzen! Vielmehr will ich positive Erlebnisse schaffen. Also gebe ich Tipps, wie man drohende Gefahren umschifft. Und wirklich oft höre ich als Reaktion auf meine Anmerkungen: »Das sagt mein Lehrer auch.« In solchen Momenten denke ich mir: Warum hast du, wenn die Probleme bereits thematisiert wurden, nichts verändert? Immer dieselben Fehler zu machen kann dreierlei bedeuten: Entweder man traut sich nicht, man kann es nicht, oder man will es nicht.

Kurze Auszeit auf dem Campus des St. Clare Colleges in Kalifornien, 2005

Oder alles zusammen.

Ich hatte drei tolle Stimmlehrer. Mein erster, Lynn Wickham, hat mich singen gelehrt, wie ich es mir nicht hätte träumen lassen: Er hat mir sichere Grundregeln beigebracht. Als ich aufs College nach Spokane wechselte, förderte mich dort die wunderbare Schwester Marietta Coyle, die meine Grundtechnik zu einer tragfähigen Basis aufgebaut hat. Und schließlich bin ich an der University of Southern California Horst Günter begegnet. Er wurde mein Stimmlehrer, Mentor und – bis zu seinem Tod im Januar 2013 – väterlicher Freund. Ihm habe ich unglaublich viel zu verdanken. Neben Horst Günter gab es natürlich auch noch Elisabeth Schwarzkopf. Mit Sicherheit war sie jene Instanz allerhöchsten Ranges, der mir noch weitere Facetten eröffnet hat. Als Lehrerin war sie technisch vielleicht nicht ganz so detailversessen, wie ich es heute bin, aber ihre Kompromisslosigkeit in Bezug auf Klang und Resonanz kannte kein Pardon.

Kompromisslosigkeit hängen nicht alle Lehrer gleich hoch.

Das ist das Besondere an Meisterklassen: Hier kann man eigene Maßstäbe setzen oder Regeln bestimmen. Allerdings ist es nicht immer ganz einfach, wenn ich nur eine Stunde oder einen Tag zur Verfügung habe. Deshalb ist mir mein Engagement beim »Heidelberger Frühling« so wichtig. Ich genieße das sehr, im Rahmen meiner LiedAkademie intensiv und einige Tage, in der Regel zwei Wochen, mit Sängern am Stück zu arbeiten. Das ist außergewöhnlich. Die eine Hälfte der Teilnehmer betreue ich persönlich. Für die zweite Hälfte lade ich Kollegen ein, Pädagogen, Wissenschaftler oder Liedbegleiter. Zum Beispiel den Pianisten Graham Johnson, der unglaublich viel Erfahrung mit unterschiedlichsten Sängern mitbringt – und damit eine neue Herangehensweise. Zugleich ist er ein äußerst belesener Musiker. Oder Brigitte Fassbaender, die uns in den kommenden Jahren regelmäßig besuchen wird: Welch ein Geschenk, Kollege einer so klugen Künstlerin sein zu dürfen! Ich bewundere sie aufrichtig und bin ihr ewig dankbar, dass sie in Heidelberg unterrichtet. Sie vertritt jene alte Schule, die auch ich genossen habe und von der ich fest überzeugt bin, dass sie gerade in der heutigen Zeit großen Wert hat. Wir sollten uns nicht leichtfertig verabschieden von einer gewachsenen Kenntnis um Tradition und Gesangskultur. Das bedeutet keinesfalls, dass wir altmodisch sind! Selbstredend hat sich die Ästhetik des Ausdrucks verändert. Trotzdem höre ich immer wieder den alten Vorwurf, Gesangslehrer würden eh nur ihr Vibrato von Generation zu Generation weitervererben. Das ist absurd!

Mit Heidelberger Meisterschülern beim Unterricht

Wenn Künstlerpersönlichkeiten zu Legenden werden, dann ist das kein Wert an sich. Sondern es bedeutet, dass diese Menschen durch ihre Fähigkeiten Einfluss ausübten und immer noch ausüben – als künstlerische Referenzpunkte und Meilensteine.

Ich habe einmal eine junge Sopranistin gefragt: »Haben Sie jemals die Schwarzkopf gehört? Elisabeth Schumann? Oder Elly Ameling?« Und erntete nur Kopfschütteln. Das macht mich fast ratlos. Ich hoffe sehr, dass unser Buch vielleicht auch den Anstoß für die Beschäftigung mit großen Sängern früherer Generationen gibt. Ich selbst bin doch gewissermaßen Beweis dafür, dass sich solche Neugier lohnen könnte. Ich komme aus einer anderen Ecke der Welt und wuchs in einer Zeit ohne Internet auf. Wenn ich damals große Sängerpersönlichkeiten früherer Zeiten finden konnte, dann kann das jeder andere heute auch.

Heidelberg, die Stadt der Dichter und Sänger – klar, dass Sie sich dort wohlfühlen. Aber wie entstand denn die Idee zur Heidelberger Lied Akademie?

2003, glaube ich, wurde ich zu einem Liederabend beim Musikfestival »Heidelberger Frühling« eingeladen. Das wurde ein ganz besonderer Abend für mich. Ich begegnete dort nicht nur einem hochinteressierten Publikum, sondern auch einer ungeheuer aktiven Initiative der Heidelberger selbst, mit dem Ziel, klassische Musik für ein breites Publikum zugänglich zu machen. Das wollte ich unterstützen. Also sprachen wir gleich über den nächsten Liederabend. Dieser Besuch in Heidelberg markierte darüber hinaus den Beginn einer wunderbaren Freundschaft mit dem Direktor des Musikfestivals Thorsten Schmidt. Besonders spannend wurde es im Jahr 2006. Da jährte sich zum 200. Mal die Erstveröffentlichung von Clemens Brentanos und Achim von Arnims Volksliedsammlung DES KNABEN

Wunderhorn. Das war natürlich ein echtes Heidelberger Jubiläum; das sollte entsprechend gefeiert werden! Wir veranstalteten ein Symposium, luden Musikwissenschaftler und Germanisten ein, und an drei Tagen gab ich eine Meisterklasse, für die man sich frei bewerben konnte. Ja, ich mag Heidelberg sehr! Ich liebe die Gegend, nicht nur als ein Wahrzeichen der deutschen Romantik. Es ist kein Geheimnis, dass mich der deutsche Bildungsbegriff fasziniert. Seit Studienzeiten fühle ich mich zu dieser Epoche hingezogen. Heidelberg wurde für mich jedenfalls zu einem Ort, an dem ich mein pädagogisches Wissen weitergeben und meine Leidenschaft für das Lied wirklich leben kann.

Bestimmt sind Sie mit offenen Armen empfangen worden.

Zunächst gab es zwischen Thorsten Schmidt und mir den gemeinsamen Wunsch, das Begonnene fortzusetzen. Wir träumten von einer Art Campus in Heidelberg, ganz nach dem amerikanischen Vorbild von Tanglewood, der Sommerresidenz des Boston Symphony Orchestra in Berkshire County, Massachusetts. Das Herzstück des Heidelberger Campus sollte allerdings eine Festivalakademie sein. Nach ein paar Testläufen fand 2010 die erste LiedAkademie statt. Unterdessen hatte sich auch unsere ursprünglich ins Auge gefasste Zielgruppe ein wenig verändert: Mir schwebte für Heidelberg eine Art postgraduales Symposium vor, also ein Ort für junge Sänger, die schon erste Erfahrungen gesammelt und vielleicht sogar erste Karrieretiefs erlebt hatten. Ich stellte mir die LiedAkademie als eine Art Rückzugsort vor. Um sich in Ruhe noch einmal auf die Basis zu konzentrieren.

Thomas Hampson formt seine Hände erneut zum »magischen« Dreieck.

Es ist wie bei der Gründung eines Unternehmens – wenn du am Anfang keine großen Ziele hast, wirst du sie nie erreichen. Die

Mit dem Intendanten des »Heidelberger Frühlings« Thorsten Schmidt, 2010

eigentliche Herausforderung für mich persönlich besteht allerdings darin, meine Leidenschaft und Energie für eine solche Vision mit meinem sehr dicht gedrängten Auftrittskalender zu vereinbaren. Aber das kommt bestimmt irgendwann. Zudem hat sich bislang von Jahr zu Jahr das Niveau gesteigert. Das spornt ungeheuer an, noch ganz andere Potenziale des Projekts zu heben.

Fluch und Segen, wenn man mehr als eine Leidenschaft pflegt: das ständige Jonglieren mit den eigenen Interessen …

Es ist wirklich so! Meine Leidenschaft fürs Unterrichten ist nahezu grenzenlos. Auch erweitert sich der Radius der Vermittlung durch neue technologische Mittel wie Podcasts und Livestreamings laufend. Das ist eine ungemein spannende Entwicklung. Dabei geht es nicht um die Verbreitung meiner eigenen Vorlieben, sondern es ist mir ein Bedürfnis, professionelle Hilfeleistung zu geben. Ich genieße es, jüngere Kollegen dabei zu unterstützen, ihre Aha-Erlebnisse zu haben. Wenn plötzlich der Knoten aufgeht, nachdem man ewig lange mit sich oder der Aufgabe gehadert hat. Ich fühle mich in diesen Situationen wie ein Geburtshelfer. Das sind überwältigende Erlebnisse, die sehr emotional sein können. Allerdings wenn jemand ein Musikstudium in der Hoffnung auf eine große Karriere aufnimmt, dann ist das schon ein sehr ernst zu nehmender Widerspruch in sich. Ich habe den Zugang zur Musik und Literatur damals für *mich* gefunden, ohne jede Vorstellung von dem Leben, das ich später einmal führen würde. Singen war ein inneres Bedürfnis für mich. Natürlich machte es auch Spaß, und ich konnte etwas erschaffen. Aber es hat gedauert, bis es zu den ersten Wettbewerben und den ersten Preisen kam. Und der Erfolg dann hat mich vollkommen überrascht. Da hieß es plötzlich: »Heute ist der letzte Freitag unserer Sommerakademie, jetzt werden die Preise verliehen.« Ich war absolut ahnungslos: Was, welche Preise? Ich war ziemlich jung, einer der Jüngsten, und plötzlich hielt ich den Lotte-Lehmann-Preis in den Händen. Meine Arbeit im Liedgesang sei vorbildlich gewesen. Baff!

Das hat Sie so ganz aus heiterem Himmel erwischt? Das kann ich mir kaum vorstellen.

Ich will meinen Ehrgeiz gar nicht verleugnen. Es war mir immer sehr ernst, und ich habe nichts auf die leichte Schulter genommen. Auch wenn mein Vater meine Leidenschaft fürs Singen erst später verstand, dachte ich mir einfach: Ich habe nichts zu verlieren. Ich möchte es versuchen und kann zur Not hinterher immer noch in einen Verwaltungsjob einsteigen. Also entschied ich mich für eine in meiner Familie unübliche Laufbahn. Mein Vater gab mir auch eine durchaus liebevoll gemeinte Warnung mit auf den Weg: »Junge, pass auf, du fährst volles Risiko.« So bin ich in eine Welt gezogen, die ich nicht kannte, die mich faszinierte und die ich unbedingt entdecken wollte. Es ist meine ganz persönliche Erfahrung, und ich sage das immer wieder auch bei meinen Meisterklassen: »Es ist mit Sicherheit keine Schande, Musik zu studieren und Musik zu lieben – und am Ende doch nicht seinen Lebensunterhalt damit zu verdienen.« Musik als Lebensbegleiter ist eine viel tiefere Erfahrung als nur eine Karriereoption.

Der Musikmarkt hat sich seit Ihren Anfängen radikal verändert. Wäre das heute überhaupt noch möglich, so naiv heranzugehen, nach dem Motto: Ich versuche es einfach mal? Hätte ich als ein moderner Naturbursche Parsifal, als eine Art singender Forrest Gump in der heutigen Zeit auch nur den Hauch einer Chance?

Echtes Talent, außerordentliche Begabung – das ist weder demokratisch noch planbar und muss ebenso erkannt wie gefördert werden. Die Erfahrung, naiv wie Parsifal in etwas hineinzustolpern und seiner Bestimmung nicht nachkommen zu können, gehört unverkennbar zu vielen Künstlern. An irgendeinem Punkt in der Biografie kommt immer die verwunderte Einsicht in die eigene Bestimmung: Okay, dazu bin ich also geboren? Mir scheint, im Gesang ganz besonders. Die Reife einer Stimme und die Möglichkeiten eines Sängers lassen sich nicht beschleunigen. Wenn ein Pianist nicht schon als Teenager erfolgreich ist, dann kann man davon ausgehen, dass aus ihm nicht der nächste Vladimir Horowitz wird. Bei Sängern zeigt sich das erst deutlich später.

Und trotzdem gibt es diesen Selektionsprozess.

In dem Zusammenhang spielen Wettbewerbe natürlich eine gewisse Rolle. Da ist Heidelberg keine Ausnahme. Es gibt so viele Talente! Am liebsten würde ich sämtliche Studierenden, die ich jedes Jahr höre, in das Programm aufnehmen. Es ist schon beeindruckend, was diese jungen Menschen so alles unternehmen, um ein paar Minuten vorzusingen. Aber auch wenn es mir das Herz bricht: Am Ende bleiben nur acht Sänger übrig. Und das ist eine sehr bewusste Entscheidung, denn ich will jeden Tag mit jedem eine volle Stunde arbeiten. Nur so macht das für mich Sinn. Aber es ist hart: Diesen acht Plätzen stehen rund 130 Bewerber gegenüber. Also muss ich in der Auswahl der Sänger relativ schnell deren Willen zum Ausdruck spüren. Egal, welche technischen Mängel hörbar sein mögen, ich muss unmittelbar ein natürliches Talent vor mir erkennen: einen unbehauenen Stein oder rohen Diamanten, mit dem man arbeiten kann. Manchmal sind meine Jurykollegen sogar verwundert über meine Auswahlentscheidungen. Was mich umso stolzer macht, wenn diese jungen Menschen dann wirklich hart arbeiten und am Ende der Lied Akademie tatsächlich ganz woanders stehen als zu Beginn.

Aber die Heidelberger Lied Akademie ist kein Wettbewerb, bei dem es am Ende einen Sieger gibt.

Selbst wenn es so wäre ... Einen Wettbewerb kann man ohnehin nicht verlieren, sondern nur gewinnen. Bei einem Wettbewerb auszuscheiden bedeutet lediglich, dass man an diesem Tag nicht bereit war. Auf der anderen Seite muss man auch darauf vorbereitet sein, einen Wettbewerb zu gewinnen und plötzlich im Rampenlicht zu stehen. Wenn das nicht der Fall ist, aus welchen Gründen auch immer, dann sind Schwierigkeiten vorprogrammiert. Ich partizipiere übrigens kaum bis gar nicht an Wettbewerbsjurys, weil ich lieber mit jungen Kollegen arbeite, als sie zu bewerten. Ich fühle mich wohler dabei.

Wie kann ich als junger Sänger ein Gefühl entwickeln oder ein System erarbeiten, meine eigene Leistung zu beurteilen?

Ein Stimm- oder Gesangslehrer kann einem nur Werkzeuge in die Hand geben, mit denen der Künstler eigenständig arbeiten muss.

Das geht nicht von heute auf morgen. Ein Sänger muss zu einer Künstlerpersönlichkeit reifen. Er muss offen und demütig sein. Er muss sich genau überlegen und auch in sich hören, wem er vertraut und wo er Hilfe findet, bei einem Gesangslehrer oder einem Coach. Gleichzeitig muss er sich auch in Gelassenheit üben, um nicht aus einer Panik heraus, es ginge vermeintlich nicht schnell genug, einen Coach nach dem anderen zu verschleißen. Für diese sehr individuelle Entwicklung gibt es keine Patentrezepte, und die Verantwortung bleibt auf jeden Fall beim Sänger.

Was muss ich denn als junger Sänger unbedingt mitbringen, um diese Kontrolle später eigenständig zu übernehmen?

Echte Musikalität ist etwas, was schon sehr früh erkennbar ist. Es ist das, was ich in einer späteren Entwicklungsphase »Wille zum Ausdruck« nenne. Wenn jemand mit Anfang 20 zu mir in eine Klasse kommt, muss ich das hören. Alles andere können wir erarbeiten.

Da spricht einer, dem genau das anscheinend in die Wiege gelegt worden ist.

Ich habe immer gerne Geschichten erzählt, und von wunderschönen Melodien habe ich mich rühren lassen. Daher kam wohl auch meine Vorliebe für Gospel. Ich weiß noch: Als ich das erste Mal an einem Samstag vor unserer Kirchengemeinde stand und ein Solo singen durfte, hieß es in einem Lied:

Hampson intoniert es aus voller Brust:

»*The world is not my home, I'm only passing through,* dadada«. Die kleine Bluesharmonik hat mich sehr angesprochen, es gefiel mir einfach gut. Das hat sich bis heute nicht geändert: Für einen guten melodischen Einfall bin ich immer zu haben. Da werde ich schwach.

Der Begriff von Melodie ist für mich gewiss über die Jahre komplexer geworden. Vielleicht nenne ich heute etwas »Melodie«, was für andere gar nicht melodisch klingt. Musik als eine Sprache – wenn ich schon so leidenschaftlich dafür plädiere, sie als solche wahrzunehmen – habe ich immer instinktiv wahrgenommen. Diese Sprache funktioniert auch ohne Worte.

Wenn Sie junge Kollegen hören: Erkennen Sie dann, ob jemand ähnlich instinktiv auf Melodien reagiert oder Geschichten erzählen möchte? Wo ist für Sie die Grenze zwischen Wille zum Ausdruck und diesem unguten Streben, mit aller Gewalt etwas zeigen zu wollen?

Es ist ein völlig subjektives Empfinden. Deshalb finde ich es auch interessant, mich bei einem Vorsingen mit zwei oder drei anderen Zuhörern auszutauschen. Das müssen nicht unbedingt Kollegen oder Musiker sein. Es ist beispielsweise spannend, mit meiner Frau die jeweiligen Eindrücke zu diskutieren. Ich habe meine Anmerkungen, sie hat ihre Beobachtungen, diese müssen überhaupt nicht deckungsgleich sein. Es gibt Stimmen, die bei den einen große, bei anderen weniger Begeisterung auslösen. Bei aller Kenntnis der technischen Regeln unseres Handwerks bleibt das Gesangserlebnis als solches letzten Endes subjektiv.

Woran erkenne ich denn einen guten Gesangslehrer? Oder vielleicht leichter gefragt: Woran erkenne ich einen schlechten Coach?

Hier gibt es in Musikerkreisen einen gerne erzählten Witz: Ein junger Künstler tritt vor einer Gruppe von Gesangslehrern auf, singt wirklich sehr schön, und alle sind zufrieden. »Ein geborener Sänger«, rufen sie, »eine Naturstimme!« Danach kommt der nächste und singt wie ein gequältes Tier, und die erste Frage lautet: »Bei wem studiert er?« Diese Pointe ist nicht sehr weit hergeholt, das können Sie mir glauben. Aber zurück zu Ihrer Frage: Wie sollen wir gute Gesangslehrer erkennen? Im guten Gesang. Ein ordentliches Fundament, eine solide Technik kann man in der Regel rasch erkennen. Gesang wird auch von Gehör zu Gehör weitergegeben. Ein guter Lehrer hört und spürt, was in seinem Schützling vor sich geht. Eine Fähigkeit, die wirklich wichtig ist. Für mich geht es dabei nicht darum, alles mit meiner Art zu singen abzugleichen, sondern einzig und allein um die Frage: Wo steht jemand, und was macht er damit? Was spüre und sehe ich in Hals und Körper? Diese Art zu arbeiten macht mir extrem viel Spaß.

Als Barbier von Sevilla an der Bayerischen Staatsoper, 1989

Anhang

Über diesen QR-Code gelangen Sie zu weiterführenden Inhalten über das Buch hinaus.

Vita*

1955 geboren am 28. Juni als drittes Kind von Walter und Ruthye Hampson in Elkhart, Indiana;
Umzug der Familie Hampson nach Richland, Washington State, im September

1961 Einschulung in Richland an einer Schule der Kirche der Siebenten-Tags-Adventisten

1970 Wechsel an die Upper Columbia Academy bei Spokane, WA;
Choreintritt und Beginn des Gesangsunterrichts bei Lynn Wickham

1972 Beginn des Gesangsunterrichts bei Schwester Marietta Coyle

1973 Immatrikulation an der Eastern Washington University in Cheney, WA, für Politikwissenschaft und am Fort Wright College in Spokane für Gesang

1974 Operndebüt als Vater in HÄNSEL UND GRETEL mit dem Spokane Symphony Orchestra

1977 Bachelor of Arts in Politikwissenschaft und Bachelor of Fine Arts in Gesang

1978 Erste Teilnahme am achtwöchigen Sommerkurs der Music Academy of the West bei Gwendolyn Koldovsky und Martial Singher
Lotte Lehmann Award
Young Artist Winner in der Abteilung Gesang beim Spokane Music and Allied Arts Festival

1979 Zweite Teilnahme am Sommerkurs der Music Academy of the West;
Josephine Forrest Clark Award beim Spokane Music and Allied Arts Festival;
Erste Begegnung mit dem langjährigen Gesangslehrer und Mentor Horst Günter

1980 Zweiter Platz bei der National Vocal Competition for Young Opera Singers der Loren L. Zachary Society;
Geteilter erster Platz bei den San Francisco Opera Merola Auditions und Beginn des Gesangsunterrichts im Rahmen des Merola Opera Program bei Elisabeth Schwarzkopf;
Auftritt in LA BOHÈME mit dem Spokane Symphony Orchestra;
Umzug nach Los Angeles und Gasthörer an der University of Southern California

---

* Die Vita erhebt keinerlei Anspruch auf Vollständigkeit und konzentriert sich vor allem auf für den deutschsprachigen Raum relevante Ereignisse.

1981 Gewinner der Metropolitan National Council Opera Auditions in New York

1981–1984
Mitglied im Ensemble der Deutschen Oper am Rhein in Düsseldorf

1982 Debüt als Guglielmo in Jonathan Millers Produktion von Mozarts Così fan tutte in St. Louis;
Debüt in der Titelrolle von Hans Werner Henzes Der Prinz von Homburg in Darmstadt

1982–1984
Debüts in Köln, Hamburg, München und Santa Fe

1984 Beginn des Engagements als lyrischer Bariton am Opernhaus Zürich sowie der Zusammenarbeit mit Nikolaus Harnoncourt und Jean-Pierre Ponnelle (Da-Ponte-Zyklus);
Auftritte in Hamburg, Köln und Wien

1985 Liederabend-Debüt in der Wigmore Hall in London;
Auftritt in der Alten Oper Frankfurt anlässlich von Johann Sebastian Bachs 300. Geburtstag in der Johannes-Passion unter Nikolaus Harnoncourt

1986 Liederabend-Debüt in der Town Hall, New York;
Debüt an der Metropolitan Opera in New York als Graf Almaviva in Le nozze di Figaro unter James Levine;
Erste Begegnung mit Leonard Bernstein;
Grand Prix »Maria Callas«

1987 Debüt an der Wiener Staatsoper als Guglielmo in Così fan tutte unter Christian Thielemann;
Debüt am Opernhaus Zürich in der Titelrolle der Harnoncourt-Ponnelle-Produktion von Don Giovanni;
Halbszenische Aufführung von La Bohème in Rom unter Leonard Bernstein

1988 Liederabend-Debüt in der Alice Tully Hall in New York;
Debüt bei den Salzburger Festspielen als Graf Almaviva in Jean-Pierrre Ponnelles Le nozze di Figaro unter James Levine
Marcello in Leonard Bernsteins Aufnahme von La Bohème;
Beginn einer Reihe von Konzerten und Aufnahmen von Mahler-Liedern unter Leonard Bernstein;
Debüt als Roland in Schuberts Fierrabras in Wien

1989 Liederabend-Debüt am Teatro alla Scala in Mailand;
Debüt an der Deutschen Oper Berlin als Don Giovanni

1990 Mahlers Rückert-Lieder und Lieder eines fahrenden Gesellen mit Leonard Bernstein und den Wiener Philharmonikern im Wiener

Musikverein sowie Debüt mit demselben Programm in der Carnegie Hall in New York;
Debüt an der San Francisco Opera in der Titelrolle von Monteverdis Il ritorno d'Ulisse in patria;
Grand Prix du Disque, Deutscher Schallplattenpreis und weitere Auszeichnungen für Des Knaben Wunderhorn (Teldec, mit Geoffrey Parsons)

1991 Auftritt mit Aaron Coplands Old American Songs unter Kurt Masur bei der Saisoneröffnung des New York Philharmonic Orchestra;
Galaauftritt zum 25. Jubiläum der Metropolitan Opera im Lincoln Center

1992 Rollendebüt in der Titelrolle von Brittens Billy Budd unter Sir Charles Mackerras;
Graf Almaviva in Le nozze di Figaro unter Zubin Mehta beim Maggio Musicale Fiorentino
Solopart in Brahms' Ein deutsches Requiem unter Daniel Barenboim in Chicago;
Recital-Debüt in der Carnegie Hall mit Heine-Vertonungen von Schumann
»Sänger des Jahres« der Zeitschrift *Musical America*

1993 Rollendebüt in Ambroise Thomas' Hamlet in Monte Carlo;
Debüt am Royal Opera House in London in Il barbiere di Siviglia;
Rollendebüt als Posa in Verdis Don Carlo in Zürich;
Rollendebüt als Chorèbe in Berlioz' Les Troyens unter James Levine;
Liederabend-Debüt beim Edinburgh Festival mit u. a. Schumanns Dichterliebe;
Meisterkurse beim Tanglewood Festival in Lenox, Massachusetts;
Mitarbeit bei der Herausgabe einer neuen kritischen Fassung von Mahlers Des Knaben Wunderhorn;
Edison Award als »Bester Sänger des Jahres«

1994 Fünfmonatige Europa- und Nordamerikatournee mit Solorecital-Debüts in Frankfurt, München, Wien, London, Paris, Washington D.C. u. a.;
Solorecital bei den Salzburger Festspielen mit Liedern von Mahler und Samuel Barber;
Weltpremiere als Vicomte de Valmont in Conrad Susas und Philip Littells Oper The Dangerous Liaisons an der San Francisco Opera
»Sänger des Jahres« bei den International Classical Music Awards

1995 Debüt in Mahlers Lied von der Erde unter James Levine in der Carnegie Hall;
Debüt in Benjamin Brittens War Requiem unter Wolfgang Sawallisch in Rom;
Recital mit allen Mahler-Liedern beim Mahler-Festival im Concertgebouw in Amsterdam
Auftritt mit Hindemiths Requiem unter Wolfgang Sawallisch in Philadelphia
ECHO-Klassik-Preis in der Kategorie »Sänger des Jahres«;
Cannes Classical Music Award;
Deutscher Schallplattenpreis

1996 Liederabend bei US-Präsident Bill Clinton im Rahmen eines Staatsdinners zu Ehren des französischen Staatspräsidenten Jacques Chirac;
Debüt am Théâtre du Châtelet als Posa in Verdis Don Carlos in einer Produktion von Luc Bondy;
Regie und Produktion bei einem Dokumentarfilm über den US-Komponisten Stephen Foster (HR/Arte);
Meisterkurse am Mozarteum in Salzburg;
Ehrenmitglied der Royal Academy of Music in London;
Grand Prix du Disque als bester Sänger

1997 Rollendebüt als Eugen Onegin in einer russischen Version der gleichnamigen Tschaikowski-Oper an der Wiener Staatsoper;
Rollendebüt als Froila in Schuberts Oper Alfonso und Estrella unter Nikolaus Harnoncourt am Theater an der Wien;
Mehrere Auftritte mit Brahms Ein deutsches Requiem und Liedern von Schumann und Schubert unter Wolfgang Sawallisch in Tokio;
Rollendebüt als Riccardo in Bellinis Oper I Puritani an der Metropolitan Opera;
Rollendebüt als Antonio in Donizettis Linda di Chamounix an der Wiener Staatsoper;
Künstlerischer Leiter, Berater und Darsteller bei der TV-Produktion Thomas Hampson: I Hear America Singing;
ECHO-Klassik-Preis in der Kategorie »Sänger des Jahres«

1998 Solopart bei der Weltpremiere von Richard Danielpours Elegies;
Rollendebüt in der Titelrolle von Rossinis Wilhelm Tell an der Wiener Staatsoper;
Titelrolle in Karol Szymanowskis Król Roger bei den Salzburger Festspielen

1999 Titelrolle in Massenets Werther (Baritonfassung) an der Metropolitan Opera;
Galakonzert mit Renée Fleming im Rahmen eines NATO-Gipfeltreffens im Weißen Haus;
Rollendebüt als Wolfram in Wagners Tannhäuser am Opernhaus Zürich;
Rollendebüt in Busonis Doktor Faust bei den Salzburger Festspielen;
Kammersänger der Wiener Staatsoper

2000 Mahler-Recital in der Carnegie Hall;
Doktor Faust an der Metropolitan Opera;
Mitglied der Jury des Kennedy-Preises;
Diapason d'Or

2001 Debüt als Amfortas in Wagners Parsifal an der Opéra National de Paris und am Royal Opera House;
Viermonatige Recital-Tournee durch Europa und die USA;
Künstlerische Leitung von »The Hampson Projekt« (I Hear America Singing) mit amerikanischen Kunstliedern bei den Salzburger Festspielen

2002 Rollendebüt als Mandryka in Richard Strauss' Arabella am Théâtre du Châtelet in Paris;
Rollendebüt in der Titelrolle von Friedrich Cerhas Der Riese vom Steinfeld (UA) an der Wiener Staatsoper;
Titelrolle in Martin Kušejs neuer Don Giovanni-Produktion bei den Salzburger Festspielen unter Nikolaus Harnoncourt;
Rollendebüt in der Titelrolle von Verdis Simon Boccanegra in einer Produktion von Peter Stein unter Daniele Gatti an der Wiener Staatsoper
Solist in Wolfgang Rihms Sechs Gedichte von Friedrich Nietzsche (UA) in Köln;
Rollendebüt als Athanael in Massenets Thaïs an der Metropolitan Opera;
Chevalier de l'Ordre des Arts et des Lettres der Republik Frankreich;
Grammy Award

2003 Recital mit Hugo-Wolf-Liedern unter und mit (am Klavier) Daniel Barenboim in der Carnegie Hall;
Künstlerische Leitung beim »Hugo-Wolf-Marathon« bei den Salzburger Festspielen;
Liederabend mit Friedrich Cerhas Baal-Gesängen unter Zubin Mehta im Wiener Musikverein;
Gründung der Hampsong Foundation;

Vorstandsmitglied der Internationalen Gustav Mahler Gesellschaft;
Edison Award

2004 Titelrolle in DON GIOVANNI in der Regie von Marthe Keller an der Metropolitan Opera;
Künstlerische Leitung beim Projekt »Antonín Dvorák und seine Zeit« bei den Salzburger Festspielen;
Beginn der Zusammenarbeit mit der Library of Congress zur Förderung des amerikanischen Kunstlieds
Ehrenkreuz für Wissenschaft und Kunst der Republik Österreich

2005 Rollendebüt als Renato in UN BALLO IN MASCHERA unter Antonio Pappano am Royal Opera House;
Giorgio Germont in LA TRAVIATA bei den Salzburger Festspielen;
Launch der interaktiven Website www.thomashampson.com;
Beginn einer 12-Städte-Tournee zur Promotion des Projekts »Song of America« von Hampsong Foundation und Library of Congress
Recitals und Symposium zu I HEAR AMERICA SINGING sowie zu Mahler am Wiener Konzerthaus;
Gala-Konzert anlässlich seines 50. Geburtstages an der Wiener Staatsoper;
Ehrenmitglied der Wiener Konzerthausgesellschaft;
Mitglied der Europäischen Akademie der Wissenschaft und Künste;
Edison Award für das Lebenswerk

2006 Künstlerische Leitung sowie Meisterkurse, Symposium und Auftritte beim Festival »Heidelberger Frühling«;
Gala-Konzert zum 50. Jahrestag der Wiedereröffnung der Wiener Staatsoper;
Gala-Konzert zu Mozarts 250. Geburtstag in Salzburg;
Titelrolle in Verdis MACBETH am Royal Opera House;
Titelrolle in der Neuproduktion von Busonis DOKTOR FAUST am Opernhaus Zürich;
Rolle des Mandryka in einer Neuproduktion von Strauss' ARABELLA an der Wiener Staatsoper unter Franz Welser-Möst;
Meisterkurse beim Schleswig-Holstein Musik Festival;
Mitglied des Pro Merito Melitensi Ordens des Souveränen Malteser Ritterordens

2007 Titelrolle in SIMON BOCCANEGRA an der Metropolitan Opera;
Konzert mit der San Francisco Symphony an der Carnegie Hall;
Direktoriumsmitglied an der Manhattan School of Music;
Ehrenmitglied der Society for American Music

2008 Rollendebüt als Carlo in ERNANI an der Metropolitan Opera;
Auftritte bei den weltweit übertragenen Eröffnungsgalas an der

Metropolitan Opera und in der Carnegie Hall
Gründung des Labels Thomas Hampson Media;
Sonderberater der Library of Congress für Musikstudium und Aufführungspraxis
Ehrenurkunde des Preises der Deutschen Schallplattenkritik für das diskografische Lebenswerk

2009 Auftritt mit Plácido Domingo zur 120-Jahrfeier der Metropolitan Opera;
Rollendebüt als Scarpia in Robert Carsens Tosca am Opernhaus Zürich;
Recital am US Supreme Court;
Fortsetzung des »Song of America«-Projekts
Erster »Artist in Residence« bei den New York Philharmonics;
Launch von www.songofamerica.net, einer Datenbank zur Erforschung der amerikanischen Kultur via Musik und Literatur;
Beginn einer 13-teiligen Recitalserie mit Schwerpunkt amerikanisches Kunstlied;
Ehrendoktorwürde der Manhattan School of Music

2010 Solopart in John Adams 19-minütigem musikalischem Monolog The Wound-Dresser;
Rollendebüt als Francesco in Verdis Masnadieri am Opernhaus Zürich;
Idee und Künstlerische Leitung bei der Entwicklung einer Mahler-Meisterkurs-App zum Fern-Gesangsstudium;
Mitglied der American Academy of Arts and Sciences;
Library of Congress Living Legend Award

2011 Weltpremiere als Rick Rescorla in Christopher Theofanidis' Heart of a Soldier an der San Francisco Opera;
Auftritt bei über 50 Konzerten zu Ehren von Mahlers 100. Todestag;
Start der 13-teiligen Radioserie »Song of America«;
ECHO-Klassik-Preis in der Kategorie »Sänger des Jahres«;
Concertgebouw Preis

2012 Rollendebüt in der Titelrolle in Hindemiths Mathis der Maler am Opernhaus Zürich;
Rollendebüt als Jago in Verdis Otello am Opernhaus Zürich;
Zahlreiche Konzertauftritte u.a. mit Zubin Mehta und den Münchner Philharmonikern, Gustavo Dudamel und dem Los Angeles Philharmonic sowie Christoph Eschenbach und dem National Symphony Orchestra;
Operngala in Baden-Baden mit Rolando Villazón;
Erstmals Künstlerischer Leiter der Lied Akademie im Rahmen des

Festivals »Heidelberger Frühling«;
Commandeur des Arts et des Lettres;
»Met Mastersingers« Award

2013 Gala zum 200. Geburtstag Giuseppe Verdis in dessen Geburtsstadt Busseto mit Luca Pisaroni;
Galakonzert im Rahmen von »Klassik am Odeonsplatz« in München;
Marquis von Posa in Peter Steins Neuproduktion von Verdis Don Carlo unter Antonio Pappano;
Soloauftritte mit Hanns Eislers Zyklus Ernste Gesänge in Luzern und Dresden unter Christian Thielemann;
Amfortas in Wagners Parsifal in Chicago;
Ehrenprofessur der Universität Heidelberg;
Aufnahme in die *Gramophone* Hall of Fame;
Internationaler Mendelssohn-Preis in der Kategorie Musik;
Goldenes Ehrenabzeichen des Landes Salzburg

2014 Rollendebüt in der Titelrolle in Alban Bergs Wozzeck unter James Levine an der Metropolitan Opera;
Mandryka in einer Neuproduktion von Strauss' Arabella unter Christian Thielemann bei den Salzburger Osterfestspielen

2015 Rollendebüt in Jacques Offenbachs Hoffmanns Erzählungen an der Metropolitan Opera unter James Levine;
Rollendebüt in Ernest Chaussons Le Roi Arthus unter Philippe Jordan an der Opéra National de Paris

2016 Rollendebüt in einem Auftragswerk der Bayerischen Staatsoper

Rollenverzeichnis

Komponist	Werk	Rolle
Vincenzo Bellini	I puritani	Riccardo
Alban Berg	Wozzeck	Wozzeck
Irving Berlin	Annie Get Your Gun	Frank Butler
Hector Berlioz	Les Troyens	Chorèbe
Leonard Bernstein	On the Town	Gabey
	Wonderful Town	Robert Baker
Benjamin Britten	Billy Budd	Billy
Ferruccio Busoni	Doktor Faust	Faust
Friedrich Cerha	Der Riese vom Steinfeld	Der Riese
Domenico Cimarosa	Il matrimonio segreto	Graf Robison
Frederick Delius	A Village Romeo and Juliet	Dark Fiddler
Gaetano Donizetti	Don Pasquale	Malatesta
	L'elisir d'amore	Belcore
	Linda di Chamounix	Antonio
Christoph Willibald Gluck	Iphigénie en Tauride	Oreste
Charles Gounod	Faust	Valentin
Georg Friedrich Händel	Giulio Cesare	Cesare / Achilla
Hans Werner Henze	Der Prinz von Homburg	Prinz
Paul Hindemith	Mathis der Maler	Mathis
Franz Lehár	Die Lustige Witwe	Danilo
Ruggero Leoncavallo	I Pagliacci	Silvio
Jules Massenet	Hérodiade	Hérode
	Manon	Lescaut
	Thaïs	Athanael
	Werther	Werther / Albert
Claudio Monteverdi	Il ritorno d'Ulisse in patria	Ulisse
	L'Orfeo	Apollo
Wolfgang Amadeus Mozart	Così fan tutte	Guglielmo / Don Alfonso
	Der Schauspieldirektor	Monsieur Vogelsang
	Die Zauberflöte	Sprecher
	Don Giovanni	Don Giovanni
	Le nozze di Figaro	Graf Almaviva

Komponist	**Werk**	**Rolle**
Cole Porter	Kiss Me, Kate	Fred Graham
Francis Poulenc	Les mamelles de Tirésias	Gendarm
Giacomo Puccini	La bohème	Marcello / Schaunard
	Madame Butterfly	Yamadori / Sharpless
	Manon Lescaut	Sergeant / Lescaut
	Tosca	Scarpia
Henry Purcell	Dido and Aeneas	Aeneas
Gioacchino Rossini	Guillaume Tell	Tell
	Il barbiere di Siviglia	Figaro
Antonio Salieri	Prima la musica e poi le parole	Poeta
Arnold Schönberg	Die Jakobsleiter	Der Auserwählte
Franz Schubert	Alfonso und Estrella	Froila
	Fierrabras	Roland
Johann Strauss	Die Fledermaus	Notar Falke
Richard Strauss	Arabella	Mandryka
	Ariadne auf Naxos	Harlekin
Conrad Susa	The Dangerous Liaisons	Vicomte de Valmont
Karol Szymanowski	Król Roger	König Roger
Peter I. Tschaikowski	Eugen Onegin	Eugen Onegin
Christopher Theofanidis	Heart of a Soldier	Rick Rescorla
Ambroise Thomas	Hamlet	Hamlet
Giuseppe Verdi	Aida	Amonasro
	Don Carlo	Marquis de Posa
	Ernani	Don Carlo
	Falstaff	Ford
	Il trovatore	Graf Luna
	I masnadieri	Francesco
	La traviata	Germont
	Macbeth	Macbeth
	Otello	Jago
	Simon Boccanegra	Simon Boccanegra
	Un ballo in maschera	Renato
Richard Wagner	Götterdämmerung	Gunther
	Lohengrin	Heerrufer des Königs
	Parsifal	Amfortas / Gralsritter
	Tannhäuser	Wolfram

Auswahldiskografie*

CDs

Johann Sebastian Bach

Das Kantatenwerk BMV 140 & 147
Teldec Classics, 1992
Nikolaus Harnoncourt; Concentus Musicus Wien

Arias & Duets
Teldec Classics, 1991
Nikolaus Harnoncourt; Concentus Musicus Wien

Famous Cantatas
Teldec Classics, 1987
Nikolaus Harnoncourt; Leonhardt-Consort

Das Kantatenwerk Vol. 35
Teldec Classics, 1984
Gustav Leonhardt; Leonhardt-Consort

Samuel Barber

The Complete Songs
Deutsche Grammophon, 2002
John Browning, Klavier
Emerson String Quartet

Irving Berlin

Annie Get Your Gun
EMI Classics, 1991

Ludwig van Beethoven

Symphonies
EMI Classics, 2003
Sir Simon Rattle; Wiener Philharmoniker, City of Birmingham Symphony Orchestra Chorus

Leonard Bernstein

A White House Cantata
Deutsche Grammophon, 2000
Kent Nagano; London Symphony Orchestra

The Artist's Album
Deutsche Grammophon, 1999
div. Orchester & Chöre

* Aus Platzgründen musste u.a. darauf verzichtet werden, weitere Solisten sowie bei den Opern sämtliche Ausführende zu benennen. Ausnahmen stellen Opern dar, von denen es verschiedene Einspielungen gibt.

Wonderful Town
EMI Classics, 1999
Sir Simon Rattle; Birmingham Contemporary Music Group

Arias and Barcarolles
Deutsche Grammophon, 1996
Simon Carrington; London Symphony Orchestra

Somewhere
Deutsche Grammophon, 1993
Leonard Bernstein, Michael Tilson Thomas; Los Angeles Philharmonic Orchestra, London Symphony Orchestra

On the Town
Deutsche Grammophon, 1993

Georges Bizet

Carmen
EMI Classics, 2003

Johannes Brahms

Ein Deutsches Requiem, Op. 45
RCA / Sony, 2011
Nikolaus Harnoncourt; Wiener Philharmoniker, Arnold Schoenberg Chor

Ein Deutsches Requiem, Op. 45
Erato, 1993
Daniel Barenboim; Chicago Symphony Orchestra & Chorus

Benjamin Britten

War Requiem
Warner Classics, 2013
Antonio Pappano; Orchestra dell'Accademia Santa Cecilia

Billy Budd
Erato, 1997

War Requiem
Teldec Classics, 1997
Kurt Masur; New York Philharmonic, American Boychoir, Westminster Symphonic Choir

Friedrich Cerha

Der Riese vom Steinfeld
ORF, 2003

Aaron Copland

American Songs
Teldec Classics, 1994
Hugh Wolff; Saint Paul Chamber Orchestra

Frederick Delius

Sea Drift, Florida Suite
Argo, 1991
Sir Charles Mackerras; Welsh National Opera Orchestra & Chorus

A Village Romeo and Juliet
Decca, 1990

Maurice Duruflé

Requiem, Messe »Cum Jubilo«, Motetten, Notre Père
EMI Classics, 2000
Michel Plasson; Orchestre du Capitole de Toulouse

Stephen Foster

American Dreamer
Angel Records, 1992

Christoph Willibald Gluck

Iphigénie en Tauride
Orfeo D'Or, 2001

Charles Gounod

Faust
EMI Classics, 1991

Georg Friedrich Händel

Apollo e Dafne / Giulio Cesare
Teldec Classics, 1988

Charles Ives

An American Journey
RCA, 2002
Michael Tilson Thomas; San Francisco Symphony Orchestra

Jerome Kern

Treasury
EMI Classics, 1993
John McGlinn; London Sinfonietta Chorus, London Sinfonietta

Franz Lehár

Die Lustige Witwe
EMI Classics, 1994

Gustav Mahler

Des Knaben Wunderhorn
Deutsche Grammophon, 2010
Wiener Virtuosen

Das Lied von der Erde
San Francisco Symphony, 2008
Michael Tilson Thomas; San Francisco Symphony

Songs of a Wayfarer / Symphony No. 1
London Philharmonic, 2006
Klaus Tennstedt; London Philharmonic Orchestra

Des Knaben Wunderhorn
Warner Classics, 2006
Geoffrey Parsons, Klavier

Lieder eines fahrenden Gesellen / Frühe Lieder
Warner Classics, 2006
David Lutz, Klavier
Luciano Berio; Philharmonia Orchestra

Symphonies 1 & 5 / Lieder eines fahrenden Gesellen
Deutsche Grammophon, 2000
Leonard Bernstein; Royal Concertgebouw Orchestra Amsterdam, Wiener Philharmoniker

Lieder eines fahrenden Gesellen / Kindertotenlieder / Rückert Lieder
Deutsche Grammophon, 2000
Leonard Bernstein; Wiener Philharmoniker

The Complete Symphonies & Orchestral Songs
Deutsche Grammophon, 1998
Leonard Bernstein; Royal Concertgebouw Orchestra Amsterdam, Wiener Philharmoniker, New York Philharmonic Orchestra

Das Lied von der Erde
EMI Classics, 1997
Sir Simon Rattle; Birmingham Symphony Orchestra

Kindertotenlieder / Rückert Lieder /Das Lied von der Erde
EMI Classics, 1997
Wolfram Rieger, Klavier

Lieder – The Thomas Hampson Collection
Teldec Classics, 1995
Geoffrey Parsons, Klavier; Philharmonia Orchestra

Des Knaben Wunderhorn
Teldec Classics, 1993
Geoffrey Parsons, Klavier

Lieder eines fahrenden Gesellen / Frühe Lieder
Teldec Classics, 1992
David Lutz, Klavier
Luciano Berio; Philharmonia Orchestra

Jules Massenet

Thaïs
Decca, 2000

Werther
EMI Classics, 1999

Hérodiade
EMI Classics, 1995

Felix Mendelssohn Bartholdy

Elijah
Telarc, 1994
Robert Shaw; Atlanta Symphony Orchestra & Chorus

Ein Sommernachtstraum / Die erste Walpurgisnacht
Teldec Classics, 1992
Nikolaus Harnoncourt; The Chamber Orchestra of Europe

Paulus
Erato, 1986
Michel Corboz; Orquestra & Coro Gulbenkian

Claudio Monteverdi

Vespro della Beata Vergine, 1610
Teldec Classics, 1989
Nikolaus Harnoncourt; Concentus Musicus Wien, Arnold Schoenberg Chor, Tölzer Knabenchor, Choralschola der Wiener Hofmusikkapelle

Wolfgang Amadeus Mozart

Idomeneo
Deutsche Grammophon 1996

Le nozze di Figaro
Teldec Classics, 1994
Nikolaus Harnoncourt; Royal Concertgebouw Orchestra Amsterdam

Grabmusik
Teldec Classics, 1992
Nikolaus Harnoncourt; Concentus Musicus Wien

Le nozze di Figaro
Deutsche Grammophon, 1992
James Levine; Metropolitan Opera

Così fan tutte
Teldec Classics, 1992
Nikolaus Harnoncourt; Royal Concertgebouw Orchestra Amsterdam

Così fan tutte
Deutsche Grammophon, 1989
James Levine; Wiener Philharmoniker

Die Zauberflöte
Teldec Classics, 1988

Don Giovanni
Teldec Classics, 1988

Der Schauspieldirektor / Antonio Salieri: Prima la musica, poi le parole
Teldec Classics, 1986

Carl Orff

Carmina Burana
Philips, 1989
Seiji Ozawa; Berliner Philharmoniker

Cole Porter

Night and Day
EMI, 1991
John McGlinn; London Symphony Orchestra, Ambrosian Chorus

Kiss me Kate
EMI, 1990

Giacomo Puccini

Tosca
Decca, April 2011

Messa di Gloria / Preludio Sinfonico / Crisantemi
EMI Classics, 2001
Antonio Pappano; London Symphony Orchestra

La Bohème
Deutsche Grammophon, 1997
Leonard Bernstein; Coro & Orchestra dell'Accademia Nazionale di Santa Cecilia

La Bohème
EMI Classics, 1996
Antonio Pappano; Philharmonia Orchestra

Franz Schubert

Fierrabras
Deutsche Grammophon, 2001

Winterreise
EMI Classics, 1997
Wolfgang Sawallisch, Klavier

Lieder – Vol. 14
Hyperion, 1991
Graham Johnson, Klavier

Robert Schumann

Kerner & Andersen Lieder
Warner Classics, 2006
Geoffrey Parsons, Klavier

Heine Lieder
EMI Classics, 1997
Wolfgang Sawallisch, Klavier

Gioacchino Rossini

Guillaume Tell
Wiener Staatsoper, 1998

Gala
Virgin Classics, 2002
Sir Roger Norrington; Concert Chorale of New York, Orchestra of St. Luke's

The Bicentennial Birthday Gala
EMI Classics, 1994
Sir Roger Norrington; Concert Chorale of New York, Orchestra of St. Luke's

Il barbiere di Siviglia
EMI Classics, 1993

Richard Strauss

Notturno
Deutsche Grammophon, 2014
Wolfram Rieger, Klavier

Karol Szymanowski

Król Roger
EMI Classics, 1999

Ambroise Thomas

Hamlet
EMI Classics, 1993

Ralph Vaughan Williams

A Sea Symphony
Teldec Classics, 1995
Sir Andrew Davis; BBC Symphony Orchestra, BBC Symphony Chorus

Giuseppe Verdi

Simon Boccanegra
Decca, 2013

Early Opera Arias
Arien aus: Macbeth, Ernani, I due Foscari, Il corsaro, Il trovatore,

I vespri siciliani, I masnadieri, Stiffelio, La Traviata, Giovanna d'Arco
EMI Classics, April 2006

La Traviata
Deutsche Grammophon, 2005

Il Trovatore
EMI Classics, 2002

Falstaff
Deutsche Grammophon, 2001

Aida
Teldec Classics, 2001

Don Carlos
EMI Classics, 1996

Richard Wagner

Tannhäuser
Teldec Classics, 2002

William Walton

Belshazzar's Feast / Symphony No. 1
EMI Classics, 1998
Sir Simon Rattle; City of Birmingham Symphony Orchestra, Orchestra Chorus Cleveland

Elinor Remick Warren

Singing Earth
Cambria Records, 1995
Bruce Ferden; Polish Radio Symphony Orchestra & Chorus of Cracow

The Legend of King Arthur
Cambria Records, 1989
Szymon Kawalla; Polish Radio Symphony Orchestra & Chorus of Cracow

Kurt Weill

Kurt Weill on Broadway
EMI Classics 1996
John McGlinn; London Sinfonietta

Kompilationen

All-American New Year's Eve 2009
New York Philharmonic, 2010

Letters From Lincoln
Koch Records, 2010
Eckart Preu; Spokane Symphony Orchestra

Wondrous Free – Song of America II
Thomas Hampson Media, 2009
Craig Rutenberg, Klavier; Wolfram Rieger, Klavier

A Celebration of Leonard Bernstein: Opening Night at Carnegie Hall 2008
San Francisco Symphony, 2009

American Classics: Foster, Griffes & Copland
EMI Classics, 2008

I Hear America Singing
ORFEO International, 2006
Wolfram Rieger, Klavier

Verboten und verbannt – Mendelssohn, Meyerbeer, Zemlinsky, Zeisl, Schönberg, Berg, Mahler
ORFEO International, 2006
Wolfram Rieger, Klavier

Walt Whitman: To the Soul
EMI Classics, April 2006
Craig Rutenberg, Klavier

Thomas Hampson – Operetta Arias
EMI Classics, 2006
Franz Welser-Möst; London Philharmonic Orchestra

Rossini & Meyerbeer Songs
EMI Classics, 2006
Geoffrey Parsons, Klavier

Song of America
Angel Records, 2005

Dvořák und seine Zeit
ORFEO International, 2005
Wolfram Rieger, Klavier

Arias – Haydn, Mozart, Beethoven, Schubert
Warner Classics, 2005
Nikolaus Harnoncourt; Concentus Musicus Wien

The Very Best of Thomas Hampson
EMI Classics, 2005

A Grand Night for Singing – Met Stars Sing the Great American Songbook
Sony BMG Music, 2004

Semperoper Dresden (Livemitschnitt von der Benefizgala für die Flutopfer)
EMI Classics, 2002
Daniel Harding; Chor & Orchester der Sächsischen Staatskapelle Dresden

I Hear America Singing
ORFEO International, 2001
Wolfram Rieger, Klavier; Malcolm Martineau, Klavier

Beethoven, Berlioz, Franz, Grieg, Liszt, Loewe, Schumann, Wagner: Songs / Lieder
EMI Classics, 2002
Geoffrey Parsons, Klavier

Operetta Arias
EMI Classics, 1999
Franz Welser-Möst; London Philharmonic Orchestra

A Tribute to Operetta – Franz Lehár Gala
Deutsche Grammophon, 1999
Marcello Viotti; Budapest Philharmonic Orchestra

No Tenors Allowed: Famous Duets for Baritone and Bass
Teldec Classics, 1999
Miguel Gomez Martinez; Münchner Rundfunkorchester

The EMI Centenary Gala at Glyndebourne
EMI Classics, 1997

Thomas Hampson: A Portrait
EMI Classics, 1997

Christmas with the Stars
EMI Classics, 1996

Leading Man: The Best of Broadway
Angel Records, 1996
Paul Gemignani; American Theatre Orchestra

Opera Gala – Swenson, Domingo, Hampson
EMI Classics, 1996
Eugene Kohn; London Philharmonia Orchestra

German Opera Arias – Deutsche Opernarien
EMI Classics, 1995
Fabio Luisi; Münchner Rundfunkorchester

Marilyn Horne: The Men in My Life
RCA, 1994

Beethoven, Franz, Grieg, Loewe, Schumann – Songs / Lieder
EMI Classics, 1994
Geoffrey Parsons, Klavier

Mad About Puccini
Deutsche Grammophon, 1993

Berlioz, Liszt, Wagner – Romantic Songs / Romantische Lieder
EMI Classics, 1994
Geoffrey Parsons, Klavier

Requiem – Fauré / Duruflé
Teldec Classics, 1993
Michel Legrand; Philharmonia Orchestra, Ambrosian Singers

Rossini & Meyerbeer
EMI Classics, 1992
Geoffrey Parsons, Klavier

Hadley & Hampson: Famous Opera Duets
Teldec Classics, 1992
Carlo Rizzi; Welsh National Opera Orchestra

Great American Songwriters
Angel Records, 1992

Songs by American Composers
Teldec Classics, 1991
Saint Paul Chamber Orchestra

Christmas with Thomas Hampson
Teldec Classics, 1991
Hugh Wolff; Saint Paul Chamber Orchestra

Ives / Griffes / McDowell: Lieder
Teldec Classics, 1991

An Old Song Re-Sung
EMI Classics, 1991

Operatic Scenes
Teldec Classics, 1989
Carlo Rizzi, Nikolaus Harnoncourt; Orchestra of Welsh National Opera, Royal Concertgebouw Orchestra Amsterdam

DVDs

Leonard Bernstein

Wonderful Town
Euroarts, 2003
Sir Simon Rattle; Berliner Philharmoniker

On the Town (VHS)
Deutsche Grammophon, 1993

Ferruccio Busoni

Doktor Faust
Arthaus Musik, November 2007
Philippe Jordan; Chor & Orchester Opernhaus Zürich

Frederick Delius

A Village Romeo and Juliet
Decca, 1992
Sir Charles Mackerras; ORF Symphonieorchester, Arnold Schoenberg Chor

Gustav Mahler

Das Lied von der Erde
VAI, 2013

Lieder
Deutsche Grammophon, 2007
Leonard Bernstein; Wiener Philharmoniker, Israel Philharmonic Orchestra

Des Knaben Wunderhorn – Voices Of Our Time
TDK, 2002

Jules Massenet

Werther
Virgin Classics, 2006
Jean-Pierre Brossmann, Regie
Michel Plasson; Orchestre National du Capitole de Toulouse

Wolfgang Amadeus Mozart

A Mozart Gala From Salzburg
Deutsche Grammophon, 2008
Daniel Harding; Wiener Philharmoniker

Don Giovanni
Decca, 2006
Martin Kušej, Regie
Daniel Harding; Wiener Philharmoniker, Wiener Staatsopernchor

Robert Schumann

Thomas Hampson Sings Schumann
Euroarts, September 2009
Wolfram Rieger, Klavier

Giuseppe Verdi

Don Carlo
Sony, 2014
Peter Stein, Regie
Antonio Pappano; Wiener Philharmoniker

La Traviata (Blu-Ray)
Opus Arte, April 2011
Richard Eyre, Regie
Antonio Pappano; Royal Opera Chorus & Orchestra of the Royal Opera House

Simon Boccanegra
TDK, 2007
Peter Stein, Regie
Daniele Gatti; Wiener Philharmoniker, Wiener Staatsopernchor

La Traviata
Deutsche Grammophon, 2006
Willy Decker, Regie
Carlo Rizzi; Wiener Philharmoniker, Wiener Staatsopernchor

La Traviata
ARTHAUS Music, 2006
Jürgen Flimm, Regie
Franz Welser-Möst; Chor & Orchester Opernhaus Zürich

Macbeth
TDK Mediactive, 2001
David Pountney, Regie
Franz Welser-Möst; Chor & Orchester Opernhaus Zürich

Don Carlos
Kultur, 1997 (auch als Blu-ray Disc, 2014)
Luc Bondy, Regie
Antonio Pappano; Orchestre de Paris

Richard Wagner

Parsifal
Opus Arte, 2005
Nikolaus Lehnhoff, Regie
Kent Nagano; Deutsches Symphonie-Orchester Berlin, Festspielchor Baden-Baden

Diverse

Metropolitan Opera Gala – James Levine's 25th Anniversary With The MET 1996 (VHS)
Deutsche Grammophon Video, 1996
James Levine; Metropolitan Opera Chorus

Die grosse Operettengala – Liveaufnahme vom Galakonzert in Bad Ischl
Sony BMG, 2007
Marcello Viotti; Budapester Philharmonie

I Hear America Singing (VHS)
Kultur Films Inc., 1987

Bildnachweis

Dario Acosta: 139 l., XXX o.
Drew Altizer Photography: 132, 133
Beth Bergman, Metropolitan Opera: XVIII
Joe Crachiola: 136
Marco Borggreve: XXXII
Matthias Creutziger, Semperoper: 46
Edison Classical Music Awards: V o.,
EMI Classics: 48
Foto Fayer, Wien: III o., XIV o. r.
Fred Cliché: 34
Simon Fowler, EMI Classics: 55
Steve Green: XIII u. r.
Privatarchiv Thomas Hampson: 15, 16, 17, 18, 19, 21, 23, 27, 29, 33, 34, 35, 36, 38, 40, 41, 42, 44, 57, 63, 74, 106, 110, 126, 130, 136, 139 r., 153, II u.l., III u., IV, XIII o., XXX u.l.
»Heidelberger Frühling«: 155 u.,158
Sven Hoppe, »Heidelberger Frühling«: 155 o.
Ken Howard, Metropolitan Opera: XIV o.l., XIV u., XV, XX u., XXI
Johannes Ifkovits: XXXI
Anne Kirchbach: 164
Winnie Klotz, Metropolitan Opera: 97, II o.r., VII u. r., X o. r.
Chris Lee: XII
Klaus Lefebvre, Salzburger Festspiele: XI
Silvia Lelli: 145
Theresia Linke, Wiener Staatsoper: X o.l.
Francesco Manganelli: XIII o.
Hans Jörg Michel, Salzburger Festspiele: 92, VIII o.
matthias@mramor.de: V u.
Terrence McCarthy: I
Riccardo Musacchio / Warner Classics: 98
Catherine Pisaroni: 66, 70, 76, 112, 118, XII o., XXVI u.
Michael Pöhn, Wiener Staatsoper: XXII
Dan Rest: XIX, XXIII o.
Monika Rittershaus: 85, XXVII
Todd Rosenberg: 143, XXIV
Foto Schaffler, Salzburg: II o.l., VII o.
Peter Schlegel: 93
Beatriz Schiller, Metropolitan Opera: VI, X u.
Inge Schneider: XVI u. r.
Suzanne Schwiertz, Opernhaus Zürich: VIII u., XX o., XXIII u., XXV u., XXVI o., XXIX u., XXX u. r.
Marty Sohl, Metropolitan Opera: XVI u.l.
Alexander Tuma: 150
Bernd Uhlig: XVI o.
Ruth Walz: IX
Warner Classics: 59
Cory Weaver: 122, 130, XVII, XXVIII, XXIX o.
Doris Wild, Wildbild: 37, 80
Axel Zeininger, Wiener Staatsoper: VII u.l.
Minjas Zugik: XIII u.l., XXV o.

Personenverzeichnis